Welfare trip

ウェルフェア トリップ

福祉の場をめぐる
小さな旅

羽塚順子

400年近く続く希少な野州麻など地域のものづくりとつながり、地域貢献できる喜びを共有する

→ CCV (P.36)

伝統と福祉の連携で生み出される上質な和紙。
障がいがあるからこそ夢と誇りを持てる仕事を

→ 一越会（P.52）

福祉制度に依存せず、社会に不可欠な弱いものたちの共鳴力で世界最高峰のチーズを生み出す

→ 共働学舎新得農場（P.68）

傷ついた子どもたちをイルカの島で癒し、生きる力を育み自立を支援するファミリーホーム

→ CROP.-MINORI (P.86)

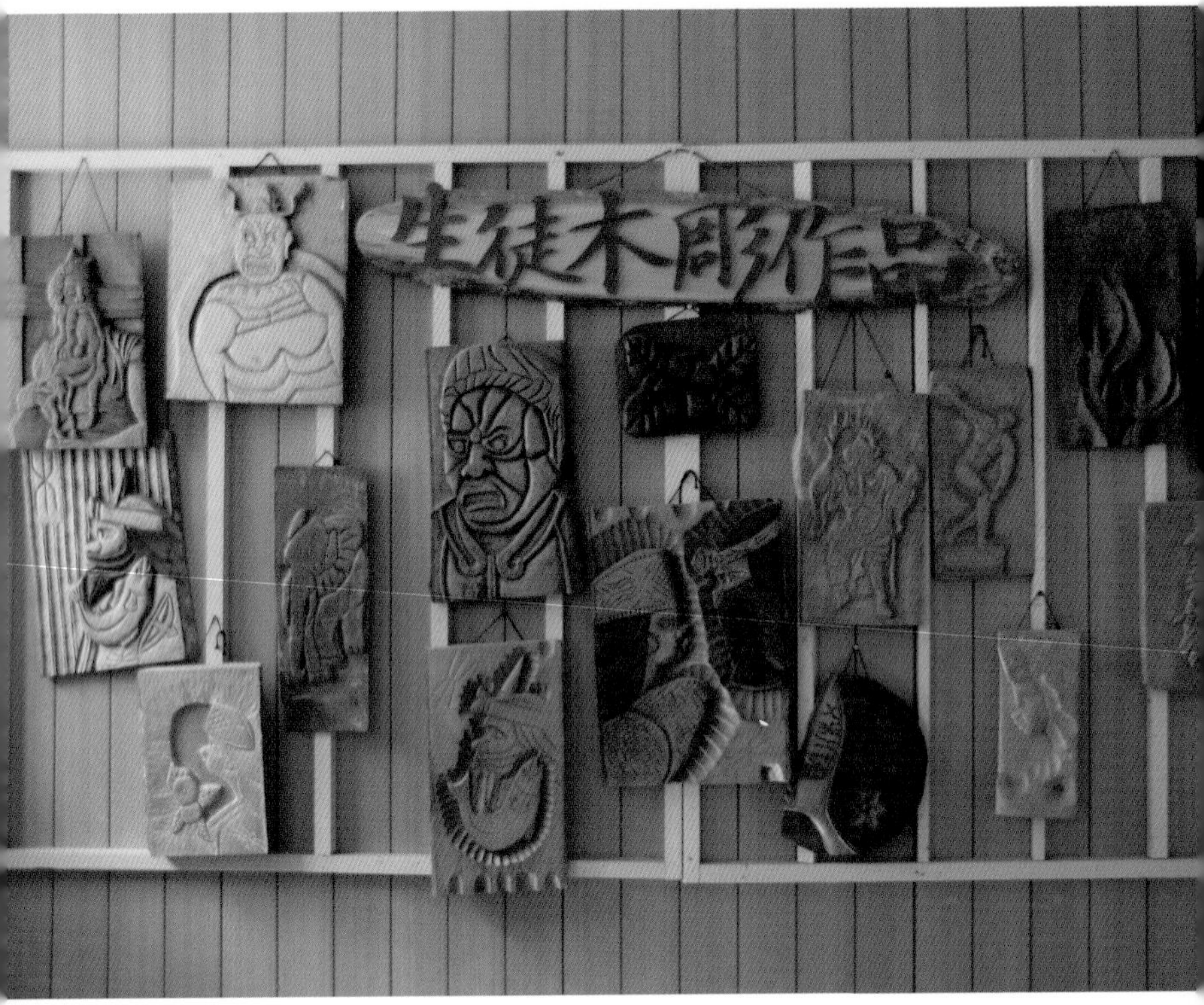

家庭に恵まれない少年たちの育ち直しのため
100余年前、北の大地に灯された希望のあかり

→ 北海道家庭学校（P.142）

もう一つの家族のように。全てを丸ごと受け入れる、住宅街の中にある農と創作のコミュニティ

→ さんわーく かぐや（P.18）

来る人は拒まない、福祉の制度からこぼれ落ちてしまう人も。それがソーシャルファーム

→ 埼玉福興（P.124）

写真　表紙・P7・18・21上・27・34下：長谷川美祈
P21下・34上：さんわーく かぐや提供
P2・36・38・47・86・88・101・160〜172：出原れい
P3：河野涼（JAPAN MADE）
P52・54・61・66上：刑部友康
P66下・196・199上・207：藤田昂平
P4・6・71・78・83・142・144・150・157・158：羽塚冬馬
P5・94：CROP.-MINORI提供
P107下・112・117・122上：るんびにい美術館提供
P124・132下・139上：宮田尚幸
P8・127・132上・136・139下：埼玉福興株式会社提供
P180・183上・188上：あおぞら提供
P210下：株式会社研進提供
P214：多摩少年院提供
＊ほかは全て著者撮影

イラスト　ペカ

デザイン　五十嵐 傑（pieni）

編集　浅井文子（アノニマ・スタジオ）

＊本書掲載の情報は、2021年10月現在のものです。
＊本書は、アノニマ・スタジオWEBサイトでの連載「もうひとつの日本を訪ねて。」をもとに加筆・修正、再構成したものです。

はじめに

日常の生活から離れ、小さな旅をしたくなったら、どんな所を訪ねますか?

私は、福祉施設を訪ねます。障がいのある人や、ひきこもって社会との接点がなくなった人、家族と暮らせない人などが通う所です。

「なぜ、そこに行くの？」と訊かれたら、お手伝いできる仕事があるかもしれない、ということを口実に、単純に好きだから、気になってしまうから、行きたくなる、と答えます。

長年東京に住みながら、企画や編集、執筆といった仕事をしてきました。家では子育て、親の介護をはじめ、家族の病気、入院、障がい、離婚など、「福祉の総合窓口案内」ができるほど福祉のお世話にもなりました。

振り返れば、子どもの頃から福祉と背中合わせの生活でした。若い頃は障害児教育に関わっていたこともあり、福祉や教育分野で次の世代に残せることがやりたくなった私は、２００９年頃から、児童養護施設の子の進学支援を企画したり、障害者施設を自分の足で訪ね歩くようになりました。

当時、福祉施設に通う障がいのある人たちがつくる製品は「授産品」と呼ばれていました。もっと女性が共感できる言葉にしたいと「社会福祉＝ウェルフェア」と「公正な取引＝フェアトレード」を組み合わせて「ウェルフェアトレード」と名付け、友人の結婚式の引出物セットをオリジナルでつくってみました。

このことをきっかけに、印刷物やウェブ制作のほか、障害者施設のものづくり研修、地域ブランディング、障がい者アートイベントのコーディネートといったお仕事をいただくようになり、障害者施設を中心に、たくさんのご縁ができました。

施設に伺うと、一般社会と壁を隔てた世界で一生懸命に頑張っているような違和感が拭えない一方、「もっとたくさんの人に知ってほしい」と思うような光景にも出会いました。

日本人の原風景のような山の麓《ふもと》で、野良仕事をしながらみんなが笑顔で過ごす施設があったり、力強いアートで自己表現をする人たちが楽しんでいたり、時が止まったような空間で淡々と緻密な手しごとをする人たちがいたり。

好き嫌いをあからさまに態度で示し、素のまま繕わない人たちの、かみ合わない会話が飛び交うカオスな空間。でも心地いい。ご近所の高齢者もやって来て大きな笑い声が響く。畑で一緒に裸足になって童心に返り、五感が開く感覚も味わいました。

野山にあるものを使って、昔ながらの手づくりで生活に活かすことができる。一緒にやれば仲間意識も生まれるし、愛着も湧く。そんなことも学びました。

こうして、弱い立場の人たちの様々なコミュニティや施設を訪ねるうち、私はお役に立つどころか、自分が安心するための小さな旅をしている感覚になってきました。

子どもの頃からずっと、「自分が家族の面倒をみなくては」と気負いながら生きていた自分が、心穏やかになれるのはそういった施設を訪ねている時間でした。

最近では、いずれどこか地方の自給自足的な施設に落ち着いて、「寝る所も食べるものも困らないおばあちゃんになれるかも」なんてことも、思っています。

各地の施設を訪ねるようになって十数年、その数は３００カ所くらいになります。地域ならではの手しごとを、福祉施設と一緒にやっている方たちとも出会いました。親を頼れない子どもたちの施設、高齢者の施設も訪ねました。

ここでご紹介するのは、観光地でも名所でもありません。でも私にとっては、何度も訪れたくなるコミュニティであり、尊敬する方たちがいて、末長く応援していきたいと思う、心惹かれる施設です。

福祉という切り口から見た、もうひとつの日本の風景。

ここで一緒に小さな旅をして、新しく出会う景色に思いを寄せていただけたら、嬉しく思います。

目次

地域を耕し、豊かさの種を蒔く、
住宅街の隠れたブータン

特定非営利活動法人 さんわーく かぐや

［神奈川県藤沢市］

住宅に囲まれた竹林と実がなる木々の里山

小田急線の善行《ぜんぎょう》駅で下車、駅前スーパーと線路の間の坂を上り、住宅街の路地を歩く。コンクリートの階段を下りて、「さんわーく かぐや」の看板を見つけたら、小さな白い平屋建ての家の脇から、細く急な階段を一歩ずつ下りていく。すると、その一角だけ時間が止まったかのように、緑の木々に囲まれた静かな空間が目の前に広がる。初めて訪れる人は、住宅やマンションが建ち並ぶ周囲とのギャップに戸惑ってしまう風景だ。

約2000坪ある敷地の中の竹林を眺めながら、ゆるい坂をさらに下りていくと、ニワトリが地面をつついて歩く姿と小屋が見えてくる。ニワトリたちの間を割って、ゆっくり長靴で歩く一人の中年男性が、地面に置かれた桶にホースで水を溜め出した。

その人の名前を呼んで「お客様がいらっしゃいましたよー」と優しくあいさつを促してくれたのは、さんわーく かぐや(以下、かぐや)の理事長、藤田《ふじた》靖正《やすまさ》さん。

農作業用の帽子を深くかぶった男性は、目を合わせないまま、黙って小さく頭を下げる。

藤田さんは、1本の木を見上げ、葉っぱをちぎって差し出してくれた。顔を近づけると、ほのかに酸っぱい香りがする。

「これはレモンの木なんです。葉っぱもレモンの香りがするでしょ? 昨年もたくさんの実がなりました。あ、このビワの木も毎年1000個近い実がなるし、あっちのキウイの木にもたくさん実がなって、メンバーのみんなと収穫して、『かぐや祭り』でジュースにしてお客様にも飲んでいただきました。梅の実も毎年のように梅干を手づくりしてます。ビオトープもあるんですよ」と、指を差しながら笑顔で説明をしてくれる。

そこかしこに、たわわに実のなる木々。それだけでも、このかぐやの場が内包している豊かさのようなものが伝わってくる。

社会参加の一歩目として、もう一つの居場所に

かぐやは、「日中一時支援事業所」*と呼ばれる、定員10名の福祉施設。メンバーというのは、朝から夕方まで、ここに通う人たちのことだ。

何らかの形で働くための就労訓練となる福祉施設は、医療機関で身体・知的・精神のいずれかに障がいがあると診断を受け、行政が発行する「障害者手帳」を所持する18歳以上の人が通う場所。しかし、かぐやは年齢に関係なく、「学校に行きたくない」「会社で働けない」などの理由で家にひきこもり、社会生活が困難になってしまった、いわゆる障害者手帳を持たないグレーゾーンの人たちでも、精神科の通院歴があれば、「まず家の外に一歩出てみる」というリハビリとして通うことができる。

＊神奈川県藤沢市からの行政委託事業として登録。地域の中で暮らす障がいのある人が、家族の手を離れて朝から夕方までを過ごす場になるが、各自治体によって制度は異なる。

一方、アルコール依存や「希死念慮《きしねんりょ》」という自死を考えてしまう症状のある人など、他の福祉施設で断られてしまう人を受け入れることもある。たとえば、37年もの長期間、統合失調症と診断され、精神科病院に入院して社会との接点が少なかった50代の男性が、現在かぐやに通っている。

そのような人を迎える時、かぐやではどのような準備をするのだろう？

「うーん、37年ものブランクがあって、さすがにどうなるか初日は不安でしたけどね。メンバーのみんなが笑顔で迎えたら、その男性のこわばっていた顔がふわっとやわらかくなって、あ、心が通じたな、うまくいくかも、そんな感じでした」

37年間の入院と聞くと驚いてしまうが、藤田さん曰く、そのような人に対しても準備は不要らしい。

かぐやでは「福祉施設」「障がい者」といった言葉は「心の壁をつくってしまうから」という理由で使わないようにしている。

そんな、世間の喧騒からかけ離れ、ゆっくり時が流れる空間で、屈託のないメンバーの笑顔で迎えられたら、長年社会と離れていた人の頑なな心でさえ、ほぐれてしまうのかもしれない。

もちろん、全ての人には通用しないとしても、かぐやを訪れたことがある人であれば、なんとなく理解できるのではないだろうか。

日本の精神科病院の病床数（入院ベッドの数）は世界一多く、入院日数は世界一長いという統計がある。西欧や北欧の福祉先進国では、当事者を隔離入院させてしまうより、地域の中で暮らしながら通院させようというのが一般的になっている。しかし、日本ではまだ、精神科病院のあり方の問題、地域で理解を得る難しさ、受け入れ先がないなどの理由から、長年にわたる入院は決して珍しいことではない。

お金に換えられない心の豊かさを求めて

かぐやは元々、藤田さんの祖父母の代からの所有地を、母親の慶子《けいこ》さんが継ぎ、アトリエにしていた。木彫家である藤田さんも、10代の頃からここをアトリエとして木と向かい合い、作品を彫っていた。銀座の画廊や百貨店などで「人気の若手木彫家」と紹介されると、一体が数十万円から数百万円で売れていったという。

しかし、時間をかけて精魂込めた作品の多くは、見知らぬコレクターなどの手に渡り、藤田さんは二度と会う機会がない。手元に残るのは、紙幣という何かを買えば消えてしまう紙切れ。

そのことに虚しさを感じ、いたたまれない気持ちになったという。
「自分の命を削るようにつくった作品をお金に換えて、また次の作品づくりに取り掛かる、その繰り返し。お金を稼ぐために生きるのは、本当の幸せや心の豊かさにつながらないと感じてしまったんです」

藤田さんはその頃、アトリエの隣に越して来た男性とアート談義が弾み、すぐに親しくなったそうだ。その男性が、母親の慶子さんと、障害等級（精神）1級の診断を受けた藤田さんの妹さんと会った際、福祉事業の立ち上げを手伝ったり、運営をしていた人だったことが発覚。慶子さんが悩みを相談するようになり、アトリエの敷地で日中一時支援事業所を立ち上げる話が進んだのだという。

そして藤田さんが28歳の時、妹さんと生きづらさを抱える地域の人たちと共に、「暮らしをアートする」日中活動がここで始まった。

名称に込めた想いについて、藤田さんはこう話す。
「太陽（Ｓｕｎ）の下でのびのびと働く（Ｗｏｒｋ）ことと、月と竹の象徴であるかぐや姫の二つを合わせて〝さんわーく かぐや〟になりました。太陽と月、昼と夜、表と裏、何事にも全て

〝陰と陽〟があって、どちらも必要なものですよね。その人の全てを丸ごと受け入れ、お互いを認め合い、誰もが自然体のままで楽しみながら、共に生きていける場でありたいと願って、命名しました」

つくれるものはできるだけつくる、持続可能なかぐやの暮らし

かぐやの主な活動は、生きる力をつけるための農作業と創作活動の二つ。

実がなる木からの収穫はもちろん、近隣の農家さんから田んぼや畑を借りて、メンバーのみんなはせっせと米や野菜を作っている。

在来種の大豆を畑で収穫して1年分の味噌を仕込む。お正月には自分たちで育てたもち米で餅つきをする。春には竹の子を掘り、切り出した竹で竹の子ご飯を炊く。夏は流しそうめん。長い竹を加工して、近所の人たちと器や箸を手づくりして一緒に楽しむ。

小麦を収穫したら、小さな手回し製粉器に入れて小麦粉作り。それに自家製の塩とヨーグルトを加え、こねて延ばし、逆さまにした鉄鍋の底の部分に貼り付け、焚き火を使ってナンを焼き、手づくりカレーと一緒にいただく。

野菜の皮や生ゴミは捨てずに、ニワトリの餌や畑の堆肥となって循環されていく。全ては一から手づくり。種から育て、収穫をして、美味しくいただき、土に戻していく。それらを体を動かしながら、工夫しながら、当たり前のことのように日々を楽しんでいる。

かぐやでは年に二度、冬の恒例行事として、車にポリタンクをたくさん積み、メンバーや支援者らと海岸まで「潮汲み」に出かける。ポリタンクに海水を500リットルほど汲んで来て、大鍋に入れて火にかけ、ひたすら煮詰めていくのだ。塩の結晶ができたら、にがり分を搾り、さらにバットに広げて天日干しで乾燥させ、かぐやで使う1年分の塩を手づくりする。

一番最初にできた塩のうわずみは、雪の結晶のようにふわっと柔らかく、とてもまろやかな味。結晶はキラキラと輝いている。

また、ストーブの薪割りと火の管理も、もちろんメンバーの仕事。一人の女性メンバーが、手際よく切り株の台の上に薪を置き、斧を握って両手で振り上げ、軽快な音を立てて薪割り作業をこなす。

普段は言葉を発しない、うつむき加減のおとなしいこの女性が、藤田さんに「ノコギリをお願いできますか？」と言われると、こくんと頷き、ノコギリを手に倒れた木材を足で押さえ、ス

トーブに入る大きさに揃えて切り出し始める。

別のメンバーが薪をくべ、大きく燃え出した薪ストーブの火を、手慣れた様子でトングを使って落ち着かせる。

メンバーは、夕方になるとそれぞれ、電気やガスで暖房も調理もできる自宅やグループホームに帰っていく。でも、かぐやに居る昼間の時間は、ここでもう一つの家族のように、力を合わせ、季節と天気と体調に合わせて、一つひとつを自分たちの手で創造しながら、野生的に生きている。


藤田さんは、かぐやを少人数のコミュニティとして捉え、各国の先住民族の暮らしを参考にしたそうだ。自然の摂理の中で円環的な暮らしを重ねる自給自足の生活をしながら、コミュニティのルールについては文字に残さない、もしくは文字そのものを持たない民族も多いという。

「かぐやも小さなコミュニティだからこそ、あえて文字にしないでメンバーの主体性に任せ、問題が起きたら個別に声をかけに行く。それぞれが感じたことを話してみる。そのほうが、思いやりで支え合う関係性がつくりやすいんじゃないかと思うんです。言葉って強い力を持っていますよね。かぐやであまり言語化しないのは、暮らし方に正解というものがないからです。文字化したルールを持たなければ自分で考えるようになるので、そうやって、それぞれの考えを大事にしてほしいんです」

地域の人がかぐやに関わりやすいようにデザインする

かぐやのメンバーとスタッフの間に上下関係はなく、フラットな関係をつくっている。メンバー本人の主体性を尊重して、それぞれ自分でやりたいことを考えて決める。みんなが平等。中には寝っころがることが好きな人もいる。サボっている人もいる。でも、誰も責めないし怒らない。

「○○さん、いつも寝転がってるのに、今日はあんなに頑張ってて、大丈夫かな?」と心配をするメンバーもいる。

掃除中に、突然一人のメンバーが踊り出し、それに合わせてみんなが笑って踊り出す、そんな光景も日常茶飯事。

「大事なのは思いやりですね。自分がされたくないことはしない、人としての尊厳を大切に、制限をかけず、押しつけない。寝ててもいいし、働かなくてもいい。それぞれのペースで動きます」

藤田さんは、「ハームリダクション」という、カナダのトロントなどで成果を上げている薬物依存症の療法を例に挙げて教えてくれた。

「最初から薬物投与をゼロにはできないという前提で、依存症の方の健康を最優先に寄り添う療法です。ここに警察は来ないし、注射を打ってもいいし、何でも言えるよ、という安心できる場をつくり、全てを受け止めることで回復させていくという手法です。罰を与えて薬物をやめさせようとすると、支援の関係性がつくれません。本当はやめたいのだという気持ちを引き出し、そこを支えることが役割だと思うんです。まさに僕たちが考えている地域福祉もこれと同じ考え方です。処罰的な支援では継続的な関わりがつくれません。地域福祉って、当事者を受け止める力のことだと思うんですよ」

より良い地域福祉のために、藤田さんは、かぐやの中だけでなく、地域の人たちとメンバーとの出会いの場を積極的につくり、地域でありのままを受け止めてもらえるような関わり方をデザインしている。

「かぐやの外で、メンバーが突然声をかけてびっくりさせてしまい、子どもを連れて逃げてしまうお母さんがいたり、失敗やご迷惑をかけてしまうこともたくさんあるんですが、ありがたいことに、見守ってくださる方、協力してくださる方もたくさんいます」と藤田さんが言うように、かぐやのメンバーは、月に一度、商店街の飲食店やベーカリー、フラワーショップなどで職業体験をさせてもらっている。

受け入れ先のお店の人たちも、その日を楽しみにしているようだ。また、地元のイベントに参加してほしいとメンバーに声がかかる。働く場を見つけ、卒業していくメンバーも多い。

私は、かぐやで発行している「かぐや便り」の100号記念タブロイド紙を制作させていただいたのだが、その制作費や印刷費を、かぐやのメンバーが商店街のお店を回りながら、「私たちの新聞に広告を載せませんか?」と営業をして、なんと25件ものお客様を集めてくれた。広告費をいただいたお店の紹介は、メンバーが直筆で描くというサービス付き。刷り上がったタブロイド紙は、25件のお客様たちがフリーペーパーとしてお店に置いて宣伝をしてくれる。

かぐやのメンバーが、いかに日頃から地域の人たちに愛されているかを垣間見た思いがした。

以前から、かぐやのカフェをつくる計画がある。しかし、藤田さんの「お金に換えられない豊かさ」へのこだわりから、なかなか進まないのだという。

「一時期、メンバーの人たちの創作品を次々とイベントで販売して、売上金を全てメンバー本

かぐやのすべて、お見せします！

100号記念 さんわーくかぐや 徹底解剖号

ようこそ「日本のブータン」へ！

小田急線善行駅から徒歩7分。住宅街の中にありえないように存在する自然豊かな一角にさんわーくかぐやがあります。ここで日々、私たちは障害のある人もない人も一緒に、農作業と創作活動をしながら、家族のように過ごしています。大切にしているのは「生きる力を育むこと」。私たちの愛すべき場と仲間たちをご紹介します！

横並びで混ざり合い、持続可能な暮らしを目指しています

住宅街に囲まれた里山風景は、中に入れば心やさしいメンバーたちが笑顔で迎え、すぐに馴染んでいただける暮らしの場。私たちにとっては〝日本のブータン〟です。お米、野菜、塩、味噌をはじめ、創作活動の作品もできるだけ自然のものを活用しています。活動は常にゆるやかに進化中。

ここは福祉施設ですが「福祉」や「障害者」といった言葉は壁を作ってしまうので使いません。スタッフもメンバーもボランティアも区別なく、自由に横並びの関係で共に混ざり合い、多様な人たちと持続可能な生き方を工夫しながら楽しんでいます。

コンニャク芋
ジャガイモ

ルバーブ
にんにく
赤シソ
らっきょう

作業場

［土間仕様］
紙すき・シルクスクリーン・陶芸・木工など

庭から靴のまま出入りできます。冬は薪ストーブで暖まりながら、雨が降ったらトタンの雨音を聴きながら、洞窟の土を練って陶芸をしたり、竹を切り出して笛にしたり、それぞれがやりたいことを自由に取り組む、かぐや創作活動の場。

えりかさん
皆勤賞の頑張り屋さん。のこぎり作業と陶芸が得意です。

はらさん
シルク印刷のバッグをつくって店長しています。

りりかさん
最年少、かぐやでミシンを覚えました！裏の広告も描いてます。

かほさん
ピンクの水玉イラストが得意。ご飯の後には食器やテーブルを拭いたり、とても助かります。

作業場

ビワの木

カキの木

庭

ミニトマト
ナス
キュウリ

やぐら

ビオトープ

ブリーベリーの木

カリンの木

ウメの木

調理実習でみんなで竹を切ってご飯を炊きます。

やぐら

かぐやの竹製、かぐやの庭を一望できるベストポジション、かぐや祭りではDJブースに早変わり。

ビオトープ

かぐや最初の田んぼはここで産声を上げ、その後、水辺の植物と生き物が暮らす小さな楽園、ビオトープ（生物生息空間）に。春には美しい蓮の花が咲きます。

玄米麹と大豆を混ぜてペッタンペッタン！

夏を越したら完成！

びわの葉を乾燥させたお茶もどうぞ！

梅干し作り

たわわに実る梅のヘタを取り、よく洗って拭いて、自家製塩でじっくり漬け込んだら、広げて干して、大粒かぐや梅干しのできあがり！

鉄釜でつくったピザ窯はカレーのナンも焼けるよ！

たくみさん
いつも作業着で農作業、頑張ってます。任せてください。

キウイの木

やすまささん
かぐやが大好きな木彫家です。かぐやのことは何でも聞いてください。

庭

鳥がさえずり人々が訪れ風がわたり四季折々姿を変えるみんな大好き野外作業の場。住宅街の中にあるオアシスのようだと言われます。

味噌作り

地元の貴重な津久井在来大豆の収穫をお手伝いしていただく大豆、手づくり麹、海水から汲んだ塩、大豆を煮る薪も自家製。かぐやの個性と愛情いっぱいのお味噌です。

薪小屋

とうがん
つるなしいんげん
ニラ
ニガウリ
トマト
ジャガイモ

柿の葉を形にした干し柿皿！

さゆみさん
元気な言葉は、みんなを明るく笑顔にします。バドミントンが好き。

薪小屋

かぐやエネルギー自給の法則ここにあり。薪がなければ暖はとれません。女子だって薪割りさせたら逞しいのです。

まいさん
薪割りが力強いって言われます。イラストも好きです。

訪れた人たちが魅了されるかぐやの世界観と活動を丸ごと紹介した「かぐや便り100号」

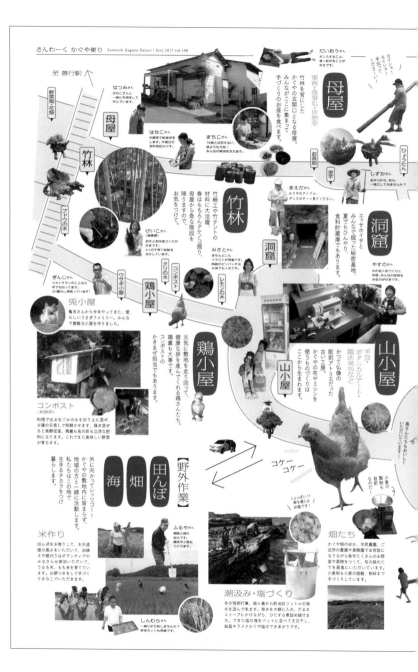

至 善行駅

野菜畑・花畑

なつみさん
はなこさんと一緒に料理をして学んでいます。

だいおうさん
ダンスすること、寝っ転がることが幸せです。

ヨイショ！ヨイショ！手伝ってくださーい！

母屋

事務・食事処・休憩室

竹林を背にしたかぐやの玄関口となる母屋。みんながここに集まって手づくりのお昼を食べます。

母屋

はなこさん
作業室で紙漉きをします。月曜日のお料理担当です。

まちこさん
78歳とは思えない、誰よりも元気！みんなの胃袋を支えます。

お茶畑　里芋　ひょうたん

しずかさん
おやつ作り、気功、一緒にしてみませんか？

竹林

竹林

竹細工や竹テントの材料に大活躍、春はもちろんタケノコ掘り、母屋から急な階段を降りますので、お気をつけて。

ブドウの木

けいこさん
（理事長）
お花とお味噌づくりが好きです。4人の子育て経験を生かしています。

まえださん
かぐやのアイドル、ダンスのターン見てください。

洞窟

エッサホイサとみんなで掘った秘密基地、夏でもひんやり、食料貯蔵庫でもあります。

洞窟

みさとさん
きちんとしたイラストが得意です。陶器のピンバッチは台湾でも人気です。

やすのさん
布のお人形づくりと料理、みんなの面倒をみるのが好きです。

ぎんじさん
ウルトラマンのことなら何でも知ってます。GH暮らし頑張っています！

ウサギ小屋　クリの木　コンポスト　レモンの木

鶏小屋

兎小屋

亀吉さんから今年やってきた、愛らしいうさぎファミリー。みんなで素敵な小屋を作りました。

鶏小屋

元気に敷地を走り回って、健康な卵を産んでくれる鶏さんたち。鶏糞も大事です。コンポストのかきまぜ担当でもあります。

山小屋

手芸・ボタニカルアート・臨床美術など

かつて仏像の彫刻アトリエだった古い工房。かぐやの布やミシンを使うものづくりはここから生まれます。

山小屋

コンポスト

（発酵釜）

料理で出る生ごみの水を切り土に混ぜ、太陽の日差しで発酵させます、撹き混ぜると発酵促進、鶏糞も兎の尿も立派な肥料になります。これでまた美味しい野菜が育ちます。

鳥さんたちもおいしくいただいています！

コケーコケー

【野外作業】

田んぼ　畑　海

外に向かってレッツゴー！かぐやの敷地内に留まらず、地域の方と一緒に活動します。私たちはこの地で生きるチカラをつけ暮らします。

小麦の製粉も自前なのだ！

しょっぱい!! 海を感じるお塩です！

米作り

田んぼをお借りして、お天道様の恵みをいただいて、田植えや稲刈りはボランティアのみなさんも参加いただいて、うるち米、もち米を育てています。お餅つきをして手づくりきなこでいただきます。

ふるやさん
農園と鶏の担当です。農具や小屋もつくります。

しんむらさん
一緒に折り紙しませんか？野菜カットも得意です。

潮汲み・塩づくり

冬の恒例行事、城ヶ島から約400リットルの海水を汲んで来ます。海水を大鍋に入れ、だるまストーブにかけながら、ひたすら煮詰め続けます。できた塩の塊をバットに並べて天日干し、結晶キラメクかぐや塩のできあがりです。

畑たち

かぐや畑のほか、市民農園、ご近所の農園や果樹園でお世話になりながら毎年たくさんのお野菜や果物をつくり、旬の採れたてを昼食にいただいています。小麦粉も小麦の脱穀、粉砕まで手づくりしています。

人に還元していたことがあったんですね。すると、作品をお金にすることに意識が向いちゃって、自分のことばかりやろうと、競争が生まれ、隣の人を助けようとしなくなって。いきなり、かぐや全体の雰囲気がギスギスしてしまったんですよ。急に心の豊かさがなくなってしまったというか。それでまた元に戻したんです」

そんな出来事もあって、地域でのカフェのあり方を考えると、藤田さんの頭の中では社会構造を変える構想にまで膨らんでしまうようだ。

年に一度、秋に開催する「かぐや祭り」では、全国からアーティストやファンが集まり、パフォーマンスを披露している。そのお礼もお金ではなく、かぐや自家製の海の塩、梅干、味噌、お米などを差し上げ、喜ばれているようだ。

世界で最も幸せな国とも言われるブータン。日本の中の、住宅街に囲まれた一角にあるブータンのようなかぐやで、お金に換えられない豊かさを感じるカフェは、どのような形で実現していくのだろう。

ゆっくり進化しながら、いつ来てもほっと安心するかぐやの母屋で、藤田さんのお話に耳を傾け、自家製の糠床の沢庵とお茶をいただき、陽が沈んで暗くなっていく竹林を眺め、これからのかぐやに思いを馳せてみた。

あるがままを受け入れるフリースクールから、
地域との縁をつなぐ働く場へ

特定非営利活動法人
CCV《シーシーブイ》

［栃木県鹿沼市］

神社のお掃除から始まる清々しい一日

東武日光線新鹿沼駅の改札口を出て、まっすぐ歩くこと3分。交差点の左にある2階建ての白いコンクリートの建物が、特定非営利活動法人CCV（クリエイティブ・コミュニケーション・ヴィレッジ、以下CCV）だ。CCVがあるこの町名は「鳥居跡町《とりいどちょう》」。目の前には、日光街道と二股に分かれる道に挟まれた小さな祠《ほこら》と真新しい鳥居がある。

鳥居を分岐点として車が行き交うこの神社。日光を開山した勝道上人《しょうどうしょうにん》が、奈良期、日光山守護のために四天王を表す松・杉・梅・紅葉の4本を植えた場と伝えられ、鎌倉期には、源頼朝が日光山に神領《しんりょう》(神社の所有地)66郷を寄進して祈願をした際、神領の入り口として「遠鳥居《とおとりい》」を建てた記録が残っている。昭和32年、日光二荒山《ふたらさん》神社から御神体を迎えて二荒山神社が建てられ、CCVがここに越してきた翌年の平成31年、鳥居が新設された。

それを機に、「神社のお掃除をやらせてください」と町内会に申し出たのが、障がいのある人たちが働くCCVウェルフェア主任の宇賀神美菜子《うがじんみなこ》さんだ。宇賀神さんとは、栃木県での福祉施設職員研修を通して知り合い、かれこれ10年近いお付き合いになる。

「おはようございまーす！　どうぞ2階に上がってください！」と、明るい笑顔で宇賀神さんに迎え入れてもらう。事務所と作業室がある2階に階段で上りながら宇賀神さんに尋ねてみると、「もちろん、毎朝、お掃除してますよ！」と、元気な返事。

「せっかく由緒ある神社が目の前にあって、しかも引っ越して来てすぐ新しい鳥居が建つなんて、絶対にご縁があると思うんですよ。お仕事にならなくてもいいから、利用者の方たちの経験として、お掃除はぜひさせてもらいたいと思ったんです。毎朝、二礼二拍手一礼の作法から

CCV
+event
TAKE
OUT

始めて、お水替え、拭き掃除や周辺の掃き掃除ときれいにすると、みんなで一日を清々しく過ごせる気持ちになれるんです」

宇賀神さんと同様、理事長である福田由美《ふくだゆみ》さん、所長の神戸真弓《かんべまゆみ》さんも、この神社のお掃除をしたいと思ったようだ。

「理事長も所長も、〝やろう！〟ってなって。で、お掃除を始めるようになったら、ご近所の方たちから〝ありがとう〟って声をかけられたり、神社にあるベンチのペンキ塗りを頼まれたり、新しいお仕事の話もいただけるようになって、地域とのご縁につながったんですよ。地道に続けていると、ちゃーんと神様が見て応援してくださってるんだね、ってみんなで喜んでます」

各地の福祉施設を訪ねると、このような神社とのご縁話を見聞きしたり、遥か紀元前の縄文土器が施設敷地内から出土するといった話を聞くことが多い。

世の中が慌ただしく効率優先で回る中にありながら、個々のペースでゆっくり時間が流れる場の影響なのか、通う人たちの人なつっこい笑顔がそのような縁を引き寄せるのか。福祉施設には、時代を超えて古くからある土地の力とつながりやすい不思議な何かがあるような気がしてならない。

「工賃を上げること」に頭を悩ませるB型事業所

ＣＣＶウェルフェアは、「就労継続支援B型事業所（以下、B型）」という、身体・知的・精神のいずれかに障がいがあり、一般企業などに就職することが困難な18歳以上の人たちが、作業訓練を行う通所の福祉施設。障害者総合支援法に基づく指定障害福祉サービスの一つだ。現在、常時15名ほどが各自のペースに合わせて通っている。

就労継続支援事業所にはA型とB型があるが、A型では通所する利用者と雇用契約を交わして最低賃金を保障する。B型では雇用契約を結ばない福祉的就労として、「工賃」と呼ばれる報酬がある。

いずれも職員が様々な障がいのある人たちへの支援や対応をしながら、商品開発や営業、原材料の仕入れ、工程・品質・納品管理など、全てを担う事業所がほとんどだ。そのような状況で最低賃金の支払いを維持していくには、仕事を継続発注してくれるパートナー企業の存在や行政などの受託仕事の見込みがなければ厳しい。B型事業所は比較的立ち上げやすいこともあって、定員10名程度の小さな施設が年々増加、全国に１１，７５０カ所[*1]となっている。

多くのB型では、平日の日中、施設内で箱折りや袋詰めといった室内作業、パンや焼菓子などの製造販売、一部では印刷や縫製などの専門機材を導入した作業を行ったり、清掃やリサイクル回収などの軽作業に出向いている。その作業から得られた収益を、利用者が工賃として受け取る。

全国のB型の平均工賃*2は、月額で16,118円、時給換算では214円となっている。この工賃をいかに上げるかが、国も各B型の現場でも長年の大きな課題だ。

令和3年度からは、工賃の支払い金額に応じて国からの支援費(障害福祉サービス等報酬)が段階的に加算されるようになった。つまり、平均工賃が低いB型は徐々に財政が厳しくなるので、何らかの対策をしなくては淘汰されてしまう。

そんなこともあって、工賃アップが見込める作業に特化する所、工賃アップは見込めないが地域に密着して安心できる居場所となれる所、アートなどの特色ある活動で評価される所など、以前よりもB型の多様化が進んでいるように見える。また基本的に、利用者は希望に合わせて通所先を曜日によって変えるなど、選択できるようにもなっている。

＊1 ＊2 令和元年度厚生労働省資料より

ＣＣＶウェルフェアでは、コロナ禍でも柔軟に対応しながら、それぞれの特性に合わせて取り組めることを大切に、ベーカリー事業と法人内の給食提供、企業からの受託作業、地場産業と連携した作業など、地域へ開いた活動や民間との連携を積極的に試みている。

子どもたちのあるがままを受け入れる場所を

ＣＣＶは、理事長である福田由美さんが、不登校の子どもたちを集めて始めたフリースクールから、その卒業生が働く場としてスタートした。

福田さんは、地元の人たちに「由美先生」と声をかけられる元教師。25年余り小・中学校で教壇に立っていた。教員時代のバブル期１９９０年前頃から、社会の変化と共に学校の一斉授業について来られずに荒れてしまう生徒が増え、なんとかできないかと、教室の隣にあった倉庫にその子らを集め、担任する学級の授業と同時並行で、倉庫に集まった生徒たちに合わせた授業も行っていたという。この由美先生の授業が、栃木県では初めての「通級指導（通常の学級に通う軽度障がいがある児童や生徒に対して、一部の教科を一斉授業と分けて個別指導する授業のこと）」になったようだ。

「当時は校内暴力で中学校がひどく荒れ、警察が来て病院に連れていかれた子もいました。でも、問題児とされる子の多くは発達障がいの傾向があるグレーゾーンなので、集団での学習が苦しくて静かにしていられないんです。しかも集団の中のちょっとした言動がスイッチとなって暴力が止まらなくなってしまうんですね。勉強以外のことに目を向けてあげれば、芸術とかスポーツとか、才能もエネルギーもある子ばかり。〝そのままでいいんだよ〟と、まずは認めて受け入れてあげることが大切なんです」

福田さんは、学校に来られなくなってしまった生徒を訪問しては、誘い出していたという。「給食時間だけでもおいでよ」と、やっと学校に登校できても、また集団の中に入ると問題行動を起こしてしまう生徒たち。今度は学校の外へ連れ出すことにした。

音楽好きでバンドをやりたいと言う生徒には、高校生バンドの演奏を見せにいったり、学校の机を彫刻刀で彫ってしまう生徒には、彫刻家のアトリエに連れていったり、アニメ好きで真似をする生徒には、声優になれる専門学校に連れていくなど、触れたことがなかった世界を見せ、ホンモノを体験させてみた。学校では問題児でも、将来のモデルになりそうな先輩に出会えると、安心して次第に落ち着きを見せていったそうだ。学校と家庭しか知らなかった子にとっては、大きく視野が広がるきっかけとなったのだろう。

「子どもの幸せはどこに所属するかで決まってしまいます」と福田さんが言うように、ありのまま認められる場に身を置くことができれば、自分らしく生きる将来像を想像できる。しかし、否定と叱責を繰り返される場に身を置けば、同じ子どもでも問題児、不登校児といったレッテルが貼られ、心も生活もすさんでしまう。その差はあまりに大きく理不尽だ。

母親たちが支える、教育と福祉が融合する場へ

福田さんは、学校でとりこぼされてしまう子たちが、ありのままの自然体でいられる場が必要と考えて学校を退職。自宅を開放して、いつでも誰でも自由に来て学べるフリースクールを始めた。自宅には、福田さんを頼って障がいのある子を連れた母親らが次々と訪ねてきたという。その中で、現在のCCVウェルフェア所長となる神戸さんと出会う。福田さんは当時を振り返ってこう話す。

「福祉サービス事業を立ち上げようとNPO法人の準備をしていた福祉に詳しいお母さんたちと知り合い、教育分野のフリースクールと福祉分野の就労支援を一つにできたらいいですね、と話が進んだんです。お母さんたちが頑張って資金を集めながら物件も見つけてくれて、発達障

がいの子を中心とした、生きにくさを抱える地域の人たちのための、教育と福祉を融合させた場ができました。そこでそのお母さんたちと一緒に働くようになったんです」

由美先生の自宅フリースクール開校から2年後の2010年4月、特定非営利活動法人CCVとして福祉サービス事業所が開所した。

子どもたちの自立に向けたフリースクールは「CCV学園」、卒業後の就労は「CCVウェルフェア」、一般企業への就職を希望する卒業生には「CCVトランジションセンター」で、職場とのマッチングを行うようになった。

その後も地域で必要とされる役割として、小中学校の不登校児童・生徒が通う放課後等デイサービス、一人暮らしができるグループホームなどを整えていった。最近ではカフェだったCCVの建物1階が、地域のコミュニティスペースに生まれ変わっている。

CCVウェルフェアでは、立ち上げ時から今でも職員はほとんどが女性。皆さん、明るく前向き。役割分担もしっかりあって、私が送るメールにも「全員で共有させていただきました」と、すぐに返信をしてくれる。テキパキと「ほうれんそう(報告・連絡・相談)」ができているチームという印象を受ける。障がいのある子育て経験者が多いので、悩みを抱えるお母さんたちの相談にしっかり耳を傾ける。また、中小企業経営者が集まる勉強会の会員にもなっている。

そんなふうに、地域の小中学校から、自前で学習の場、働く場、生活の場を網羅しながら、企業や行政まで幅広いつながりと信頼を得て、地域で困っている人たちの声をすくいあげては、解決のための縁結びの中継地点となっている。

地域の産業に貢献できる地域おこしを

鹿沼市には、魅力的な地場産業がいくつもある。その一つが「野州麻《やしゅうあさ》」だ。ＣＣＶから車で南西に向かって約40分、野州麻農家さんを訪ねるため、宇賀神さんの運転で旧粟野町、永野地区まで連れていってもらった。

こんもりとした山に囲まれた田畑が広がる穏やかな気候のこの一帯は、古くから麻栽培が盛んで、春から夏にかけて勢いよくまっすぐ250センチ程度まで麻（ヘンプ）が育ち、全国で最も麻生産量が多い地域となっている。

今でこそ日本の麻農家は激減してしまったが、古来から麻は神様が宿り邪気を祓うと言われ、神事や冠婚葬祭には欠かせない植物だった。現在でも神社のしめ縄、横綱の綱、神主さんがお

麻紙

祓いの時に両手で振る「大麻《おおぬさ》」などが麻でつくられている。また、成長が早く大きく根を張ることから、子孫繁栄、商売繁盛などの縁起物とされ、「赤ちゃんの産着には麻の葉模様」というのが定番だった。

野州麻をはじめ、鹿沼市には日光東照宮造営の頃から続く、鹿沼組子《かぬまくみこ》、彫刻屋台などの職人技術、名産の鹿沼杉やひのきがある。そんな地元産品を継承する人たちからものづくりを学び、少しでも仕事と地域貢献につなげられたらと宇賀神さんと私とで話し合い、地域おこしのプロジェクト「KANUMAISM（カヌマイズム）」をCCV発信で立ち上げることにした。

400年近く続く麻農家の8代目、麻紙《まし》作家と麻炭《あさずみ》職人の大森芳紀《おおもりよしのり》さんにもこの企画を相談すると、「実は、僕も障害者施設の方たちと何か一緒にやりたかったんですが、どのように関わればいいのか、わからなかったんですよ」と、嬉しいお返事が返ってきた。

麻畑に囲まれた奥の敷地にある野州麻紙工房・野州麻炭製炭所を訪ねると、天井が高い元納屋を改装した大森さんの作品ギャラリーがある。大きな木のテーブルと麻紙のランプシェードがある心地よい凛とした空間が広がり、奥にはキャンパス作品、御守り、小さなアクセサリーや小物、北欧のヒンメリにも見えるモビールなどが飾られている。

大森さんにお話を伺うと、子どもの頃からものづくりが好きで、テーマパークに設置される遊具などの企画から施行まで手掛ける企業に3年ほど勤務していたという。人工的な素材が、繰り返し大量にゴミとして排出されるのを目の当たりにして疑問を持つようになり、ご実家の麻農家を継ぐ決意をした。

「ずっと一番身近にあった素材としての麻の魅力を再認識して、自分が継がなければ、この素晴らしい伝統素材は途絶えてしまうと危機感を持ったんです。麻を種から蒔き、栽培と収穫作業、その後の加工を含め、体力的にもとてもきつい仕事なので、どの麻農家も後継者がいなくなってしまったんですね。麻を新たなものづくりにつなげたかったので、麻１００％でつくる麻紙、麻炭については、かなりいろいろと試行錯誤と研究を重ねました」

双方の思いがつながり、ものづくりの世界へ

麻が丈夫すぎる繊維素材なので、和紙同様の加工はできなかったそうだ。竹和紙の職人を人づてに紹介され、「硬い竹を和紙加工できるなら、そこにヒントがあるのでは」と、大森さんは

その人を熊本県水俣市に訪ね、野州麻栽培の閑散期に九州まで通ったという。

「僕の師匠となるその方は、重度の水俣病患者さんと共同生活をしながら、一緒に竹林の管理から竹素材の和紙をつくる試みをされていました。ものづくりを弱い人たちの役に立てたいという姿勢と苦労話に感銘を受けて、〝いつか自分も、そんな人たちのために麻を役立てたい〟と思っていたんです。鹿沼に戻って個展や展示会を開くと、障害者施設の方が自分たちの作品を持って訪ねてきてくれることもあって、何か一緒にできないかなと、でも具体的に何ができるのか見当がつかなかったんです。ＫＡＮＵＭＡＩＳＭのお話は嬉しかったし、温めていた思いがとんとん拍子に進んで本当に良かったです。僕もものづくりの人間なので、ＣＣＶの皆さんが、ものづくりを楽しそうにやってくれる時の笑顔……。もう、それが全てですかね」


そんな思いを持っていた大森さんからは、講座形式でＣＣＶの利用者の人たちに麻素材の手しごとを指導いただきながら、何の作業が向いているかを見極めてもらった。利用者の人たちが喜んで講座を受講する姿は、地元の新聞やＮＨＫニュースが取材に来て取り上げてくれた。

試作を繰り返し、「麻殻《おがら》」という麻の茎部分をストローにするための磨き作業や、麻炭粉を練り込んだ「麻炭香《あさすみこう》」の粘土状素材を小さな三角錐の形に指で模《ちね》る「ちねり作業」など、大森さんからＣＣＶに継続して発注されるようになった。

ＫＡＮＵＭＡＩＳＭでは、このほか、麻の精麻《せいま》と地元の綿花をドライブーケにしたり、地元の南インドカレー店オーナーとの共同開発商品ができたり、栃木軍鶏《しゃも》店オーナーとのコラボ、鹿沼ひのき木工片を使った教材キューブ開発などが進んでいる。

日々軽やかなフットワークで動く宇賀神さんは、「ＣＣＶに通う人たちが、地域の歴史ある産品やお店の人たちと新しい出会いや体験ができて、世界が広がり、自分たちが少しでも地域貢献に役立っていると自覚できるのが、すごくいいなあと思ってます。以前は、私も〝点〟では知っていた方々が、ＫＡＮＵＭＡＩＳＭを始めてから、点と点が〝線〟でつながっていくので、これを〝面〟のつながりに広げていきたいです」と、夢を膨らませている。

ＣＣＶの法人理念は「地域で生きる」だ。地域おこしの企画やプロジェクトは、地元で成長させたいという強い思いを持った人たちが関わらなければ継続していかない。由緒ある神社や古くから続く地場産業とのご縁に支えられながら、生きにくさを抱える人たちが笑顔で生活できる街として、いつか、鹿沼市が知られていく日が訪れたらいいな、と願ってやまない。

ユネスコ無形文化遺産の技術を倣い、
静かに世界へ羽ばたく和紙

社会福祉法人
一《ひと》越《こし》会《かい》

［群馬県前橋市］

絹織物工場の跡地に建つコンクリートの和紙工房

ＪＲ両毛《りょうもう》線の前橋駅から徒歩20分ほど、上毛《じょうもう》電鉄上毛線の城東駅からは徒歩数分の閑静な住宅街に、社会福祉法人一越会「ワークハウス　ドリーム」の建物がある。施設長の中原泉《なかはらいずみ》さんに前橋駅まで車で迎えに来てもらい、10分弱で到着。目の前には気持ちよく広がる公園がある。かつて前橋の周辺は養蚕農家が多く、絹糸《けんし》生産が盛んだった。一越会の建物も絹織物工場があった跡地に建てられたという。

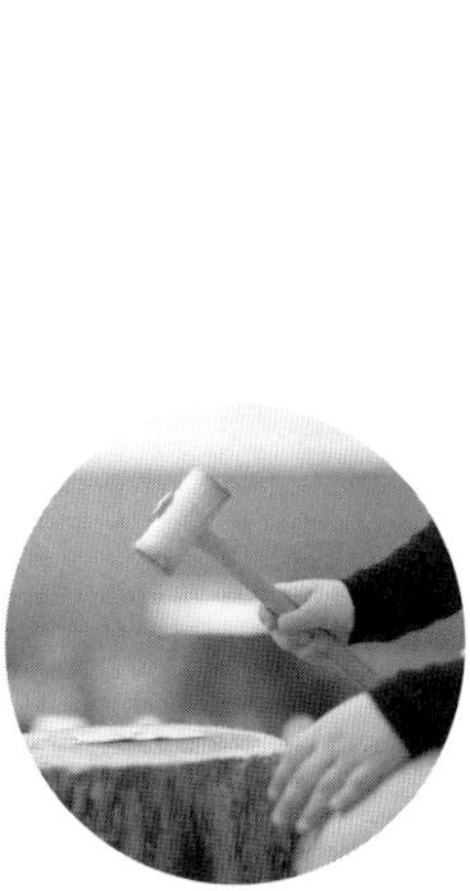

「この辺りでは、絹織物のことを『一越《ひとこし》』って呼ぶんですが、薄く滑らかで弱そうな生地でも、何度も染め直しできる耐久性があります。絹織物の経糸《たていと》は、一本、二本と数え、緯糸《よこいと》には強度を加えて一越、二越って数え方をするらしいんです」と、しなやかで強い絹織物にちなんだ一越会の由来を説明してから、中原さんは苦笑いをした。

「今ではすっかり養蚕農家もなくなってしまいましたけどね。私の実家も子どもの頃に養蚕をしていたんですが、大変な作業なんですよね。糸取りの繁忙期は母親たちの手が空かなくて食事はうどんばかり、蚕を煮る独特の匂いが家中に籠るんですよ」

そんな話を聞きながら自動ドアから玄関に入り、1階の事務室前で会釈をする。奥にある調理室まで歩いて窓を覗かせてもらうと、すでに100食ほどのお弁当製造を終え、ご近所の高齢者宅への配達に出た後だった。お天気がいいので畑作業に向かった人たちもいる。階段で2階に上がると、「紙工部」と書かれた模造紙が貼られ、フロアの奥では、窓から日を浴び、エプロンと三角巾を身につけて椅子に座り、机を囲んで黙々と作業をしている人たちの姿が見えてくる。

コンクリートとタイル張りの外観からは想像がつきにくいのだが、ここでは20年ほど前から

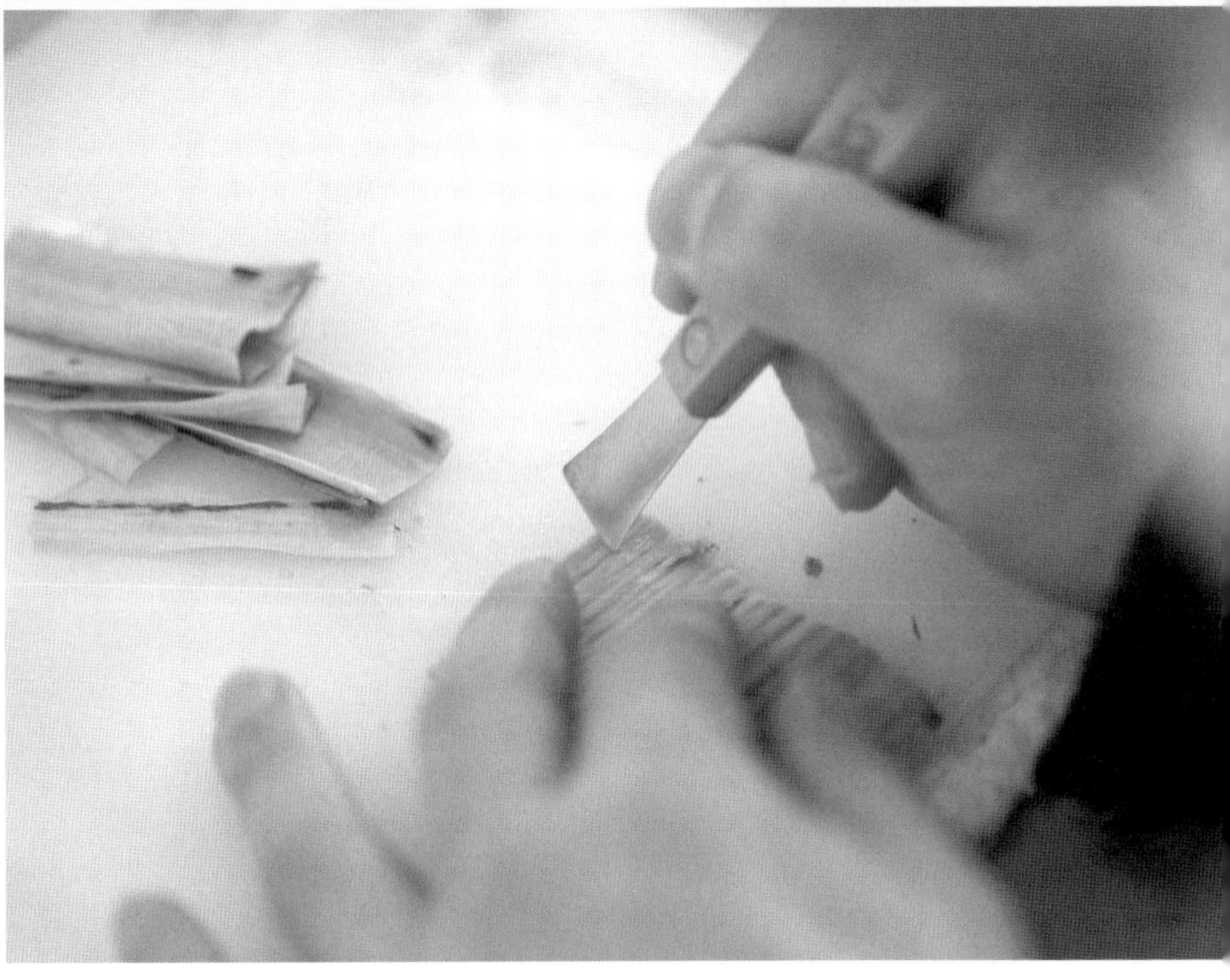

知的障がいや発達障がいのある人たちが、ユネスコの無形文化遺産に登録された伝統工芸「細《ほそ》川紙《かわし》」の技術に倣い和紙をつくっている。

原料の楮《こうぞ》という木の皮を剥いて短く切り出している人、それを煮たものを柔らかくするため木槌《きづち》でトントンと叩いている人、不純物がない和紙に仕上げるため細かい塵《ちり》を取り除いている人、水を張った大きな流しの前に立ち、四角い木枠の漉具《すきぐ》を両手で持ち、和紙を漉いている人。いくつもの分業がされる中、どの人たちも真剣な眼差しで自分の作業に誇りを持って向き合っているように見える。中でも和紙漉きの作業はつい見入ってしまうほど。小柄な女性が漉具を前後左右と力強く端正に動かす手捌《てさば》きは、まさに職人の姿だ。

ここには10年近く前から何度も訪れているのだが、常に変わらない凛とした空気と光景に、「ああ、毎日ずっとみんなはここで職人として同じ作業を繰り返しているんだな」と、毎回、襟を正したい気持ちになる。「前の訪問時から今まで、自分は何をしてきただろう?」とか、「この和紙を広く知ってもらえるよう、もっと協力できたことがあったのでは?」とか、精進している姿を前に我が身を振り返り自問してしまう。

幼児の療育から、求められるまま走り出した夫婦二人三脚

この「紙工部」の事業は、非雇用型で作業工賃を得る就労継続支援B型事業所（P.40参照）だったが、2021年春からは、工賃にとらわれずに障がいの重い人でも日中の居場所として過ごせる「生活介護」という役割の場に変わった。少し肩の荷が下りたかと思いきや、「品質へのこだわりは持ち続けているので、生活介護になったからといって私たちの中では変わっていないんですよ」と中原さんが言うように、東京の和紙問屋に見せても「質が高い」と褒められる仕上がりを保っている。使う道具の扱いは大切に、一つひとつの作業をゆっくり丁寧に、といった職人としての訓《おし》えを守り続けていることも、ここにいる人たちの姿から伝わってくる。

中原さんの妻、映子《えいこ》さん曰く、和紙の作業で心身の落ち着きを取り戻せた人たちもいる。「和紙をやりたい人は？って訊くと、みんな『はーい！』って手を挙げるんですよ。何をやりたい？って訊くと、楮の皮の切り出しと塵を取る作業が人気で、切り出した材料ばかり増えてダンボール100箱くらい積まれることもあって……。和紙漉きが間に合わないんです。自閉（障がい）の人は、気に入った作業は夢中でのめり込んで、知的（障がい）の人も本当に素直に取り組んでくれます。大きな声を出してしまったり、落ち着きがない人でも、作業にはまるこ

とができると、そのことで安心して静かにできるようになるんですね」

一越会は、この和紙製造から始めたわけではなく、保育士だった映子さんが、自宅の一室で障がいのある二人の幼児を週一回、預かったことがきっかけだった。1989年、映子さんが次女の出産と親の看病が重なり、当時勤めていた保育園を退職したことを機に、園児の中にいた「通常の保育だけでは手薄になってしまい、個別に合った対応が必要と思われる子」を預かることにした。当時はまだ珍しかった、知的や身体に障がいのある幼児の一人ひとりの発達課題に合わせた保育を行う「療育」の場が求められていたのだ。映子さんは請われるまま、翌年、療育専門の保育園を開園。療育保育の実践者で尊敬する人を東京まで訪ねては指導を仰ぎ、アドバイスをもらっていたという。

卒園した子が特別支援学校に行くようになると、重い障がいのある子の保護者たちに頼まれて、特別支援学校の下校後に預かる、現在の児童発達支援施設・放課後等デイサービスを始めることに。さらに今度は成長した特別支援学校卒業生を受け入れる「授産《じゅさん》施設ワークハウスドリーム」*を2000年に立ち上げることになった。

＊現在の就労継続支援事業所。2006年の障害者自立支援法施行前まで、障がい者の就労支援系施設の多くは、授産所・授産施設と呼ばれていた。

預かる子どもたちが成長するに従って事業が膨らみ、保護者が準備会を進めて社会福祉法人化が決まった。映子さんは「現場で子どもたちを見ることはできるけれど、法人経営や経理はできないので」と、当時自動車ディーラーの管理職をしていた夫の中原さんにサポートを頼んだのだ。中原さんは「もう20年サラリーマンをやってきたからやめてもいいかな」と、会社を退職。映子さんが「前橋にはない伝統工芸の和紙に取り組んでみたい」と希望して、夫婦二人三脚で半年の間に立ち上げ準備を進めることになった。中原さんが福祉専門でなく、大学で理系、民間企業で経理、販売と経験してきたことが、実務はもちろん「障害者施設を客観的に見る目」としても役に立ったようだ。

障がいがあるからこそ、品質にこだわることができる

「立ち上げ時、関係者や識者と話し合って、お弁当製造、農作業、紙漉きの3つの事業に決めたんです。お弁当製造は保護者であるお母さんたちが手伝えるし、配達のニーズもある。農作業も畑があったので何かしら栽培できるし、野菜を欲しい人はいるよねと、保護者の人たちと協力しながら回せそうな作業が中心でした。紙漉きはリサイクルの牛乳パックでやろうとした

んですが、私は売れない雑貨をつくっても意味がないなと思ったんですよ」と、当初から中原さんは、障がいのある人たちが手づくりするものだからこそ、質にこだわるべきと考えていた。

「施設で手づくりしたからと、品質が良くなくても何となく許されてバザーで売られるのが嫌だったんです。せっかく通って来る人たちが毎日時間をかけて取り組むのだから、質が良いものをできるところまで追求してみたいと思ったんですよ。しかも和紙であれば工程がたくさんあるので、重度の障がいがある人でも何かしら関わることができます」

中原さんの言う通り、手軽に取り掛かれる牛乳パックの漉き葉書やカードをバザーで売る障害者施設は多く、不揃いな手づくりとしての味わいをよしとしている。中原さんとしては、バザーで「施設の手づくり品です」と100円で売るのは「お情け」をもらうことで、その50倍頑張って、高品質な和紙を5000円で百貨店に並べてもらうほうが遥かに良いと考え、職人の道を選んだのだ。

映子さんと立ち上げ当初のスタッフたちは、技術を学ぶために埼玉県小川町の和紙体験学習センターに通い、すでに工事が進んでいた施設の2階フロアで設備を準備することになった。しかし、ここが和紙製造にふさわしくなかったようだ。

「和紙を漉くには冷たい井戸水が向いているんですが、1階の土間でないと井戸水を流すことはできません。また、小川町の和紙は楮の皮を大鍋で水酸化ナトリウム(苛性ソーダ)と一緒に煮ていましたが、この建物で薬剤を流してはいけないと言われ、調べたら大昔には石灰で煮ていたことがわかり、それを取り入れることにしました。それほど大きな鍋も使えないので小分けにして煮ます。楮の繊維は長いまま扱うのが難しく、短く切る作業をしながら上達具合を見て長さを調整します。どれも手間がかかることばかりだし、本家から見れば邪道かもしれない。でも、大昔の和紙は千年残ると言われてますから、石灰で煮たこの和紙も千年後、残っている可能性がありますよね」

中原さんは淡々と苦労話と壮大なロマンを語るが、無形文化遺産の和紙が「百年使える」と謳っているところ、まだ素人の障害者施設が「千年残る」という手法を試みるのだ。すでに準備段階で諦めてもおかしくはない状態だった。しかも、障がいのある人たちが技術を習得するには長い年月と手間と経費もかかるので、工賃になりにくいのは明らか。なぜ中原さんは、そこまでして和紙を諦めずに続けることができたのだろう?

作品第一号
平成13年5月7日
9月1日

簡単だから、お金になるから、ではない幸せのために

「場所のハンディはここでのベストを工夫するしかないと思ったし、職人仕事を工賃にするのも相当難しいとわかっていました。確かに、わざわざ和紙の試作をして工程を分け、一人ひとりの準備をして、職員にとっても面倒だし、工賃が上がらなければモチベーションも保ちにくい。公園清掃の草取り作業に出かけたほうが、手っ取り早く工賃になって、職員も連れていくだけだからずっと楽です。でも、簡単だから、お金になるから、って方向に流れてしまわないで、障がいのある人たちに自分がやりたいと思える、夢のある仕事をしてもらいたいんですよ」

中原さんはそう言って、以前、工場見学に行った時の話をしてくれた。

「その工場では、20代から50代まで何人もの障がいのある人たちが、ベルトコンベアの前で流れ作業をしていたんです。2時間同じ作業を繰り返して5分休憩、昼食を挟んで1日4クール、仕事が終わったら寮に帰る。それをずっと毎日。彼らは主任や現場監督になれるとか、そういう昇進や楽しみもなく何十年も同じ仕事を繰り返していくんです。もちろん、それでお給料をもらえるから幸せ、と思える人はいい。でも全員がそうでしょうか。上司の人に『何か従業員の楽しみになることはあるんですか？』と尋ねたら、『サッカークラブがあります』って。そ

れって違うと思うんですよ」

中原さんの目には、従業員の人たちが幸せそうには見えなかったのだ。

どうしても企業で働きたい人もいれば、企業の働き方についていけない人、お金にならなくても夢中になれる仕事がいいと言う人もいる。その人が幸せかどうかは、私が紙工部を訪ねた時に感じる「凛とした職人の誇らしさ」であったり、映子さんが言う「和紙をやりたい！と手を挙げてのめり込む姿」に現れるものではないだろうか。

ここ数年、「ディーセント・ワーク」という、国際労働機関（ＩＬＯ）が提唱した「働きがいのある人間らしい仕事」に対する考え方が、意識の高い障害者施設でも取り入れられるようになってきた。「２０３０年までの持続可能な開発目標」として「ＳＤＧｓ」の8番目の目標にディーセント・ワークが取り入れられたことも要因だろう。

また、２０２1年3月から、43・5人以上の従業員がいる一般企業などに対する「障害者法定雇用率」が2・3％に上がった。国が「積極的に障がいのある人を雇用しましょう」と策を講じているが、現場では雇用のミスマッチや就職後の定着率の低さといった課題がある。数字だけ見ると、日本は先進国の中でも障害者雇用率は低いが、就職することが働き方の全てではないし、世の中には多種多様な働き方が増えている。障害者施設でディーセント・ワークが実現できていると思われる人たちにも、もっと目を向けてもらえたらいいのではという気がする。そこで、障害者雇用に行き詰まっている企業と何か新しいことができるかもしれないし、雇用率にカウントできる新たな仕組みのヒントだって見えてくるかもしれない。

伝統と福祉の連携で日本の職人技が継承できる

和紙製品としては、水彩画作家の絵をプリントしたカレンダー、葉書、封筒などに加工して、保護者や関係者の間での評判は上々で注文が入っていた。しかし、技術が上達するにつれて和紙の在庫が積まれていくようになり、私は中原さんからの相談を受け、独自のブランドを立ち上げてもっと広く世に出していこうということになった。

和紙の名前は「一越紙《ひとこしかみ》」。一越紙をつくる職人のみんなが施設の中にいるだけでなく、日本の和紙の価値を広く世界中に発信する立場になって、全ての和紙に関わる人たちの橋渡し役となれたらと考え、和紙作家やクリエイターの人たちに声をかけ、英訳付きのコンセプトブックとホームページを制作した。

伊勢型紙を使って和紙に染めと摺《す》りを施す京都の作家さん、和紙を自らの工房でレース状に透かして漉いて、アクセサリーなどを制作する作家さんたちに、商品化のアドバイスや指導を仰いだ。どの方も一越紙を手に取ると、その制作姿勢と質の高さに驚き、快く協力をいただいた。名刺サイズの一越紙に一枚ずつ手回しで活版刷りをした「千年暦」と「千年名刺」は、ニューヨークのショップでも販売された。

最近では、「江戸仕立て都うちわ千鳥型（通称・千鳥うちわ）」という制作技術を持つ最後の職人さんに、一越紙を使った千鳥うちわ50枚を制作してもらい、灯りのインスタレーション作品として布多天《ふだてん》神社（東京都調布市）神楽殿での展示が実現した。さらに、全工程を障がいのある方が受け持ち、一越紙で仕上げた千鳥うちわは一越紙で仕上げた千鳥うちわは、フランス・パリで展示販売されたり、イタリア・ミラノ在住の日本画家さんが作品にしてくださったりと、世界へ羽ばたいている。

日本の職人技は、高齢化と後継者不足のために廃れているものが多いと聞く。いくら憧れるような技でも、生活を維持できる収入が見込めず、職人の世界には踏み込みにくいのだろう。だからこそ、生まれ持って細かい反復作業に集中して夢中になれる「職人的才能」を持った施設

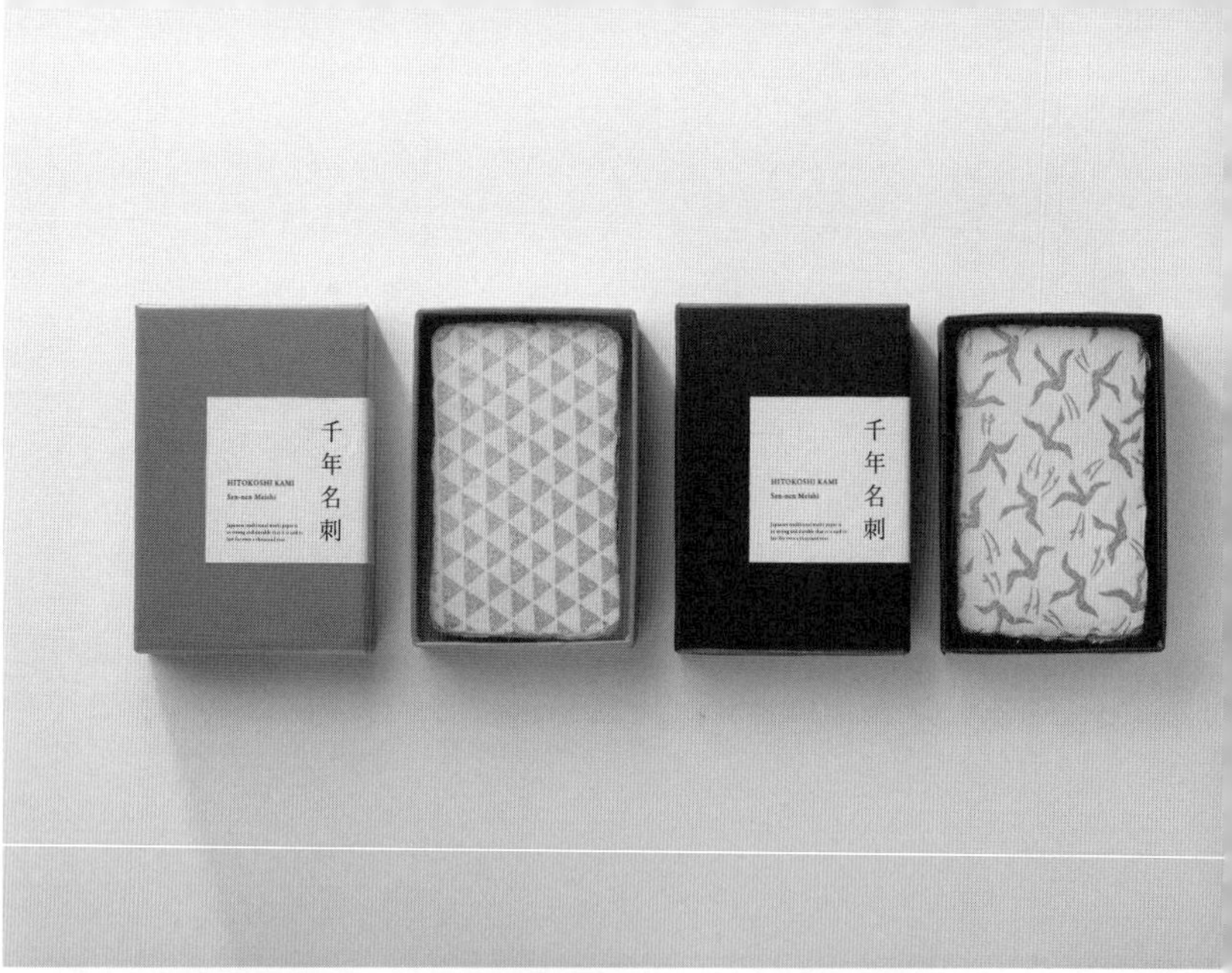
千年名刺
HITOKOSHI KAMI
Sen-nen Meishi
千年名刺
HITOKOSHI KAMI
Sen-nen Meishi

御神燈
御神燈
御神燈
御神燈

に通う人たちの存在を知ってもらいたいと思う。彼らの多くは、自閉症やアスペルガー症候群と診断を受けて障害者手帳を持ち、一定額の障害者手当を受け取っている。一般の人たちよりも少ない月数万円のお給料であっても、なんとか生活を維持できるという場合が多い。そういう意味でも職人技を継承できる条件が揃っている若者たちなのだ。

特別支援学校から施設に行った人たちは、その後、新しい仕事につながるような外の世界と触れることはとても難しい。もし、地域の伝統工芸とつながって職人技を練習できる機会さえあれば、夢中になってはまる人たちはきっといるはずだし、日本が誇るべき職人技のいくつかは彼らに継承できていくのではないかと思う。

このような伝統と福祉がつながる「伝福連携《でんぷくれんけい》」が実現できれば、後継者問題を抱える伝統工芸職人とこだわりの強い障がいのある人と、双方の課題解決にもつながるのだ。

「職人技を身につけるのは15歳からでは遅い」と聞いたことがある。昔は小学校を出た12歳くらいから職人のもとに丁稚奉公に行く子もいたのだから、その頃から身につけるのがいいのかもしれない。だからこそ、特異な才能のある子には、特別支援学校の中学部からでも職人技に触れる機会を持ってほしいなと願っている。

自然と人との共鳴から生み出される
世界最高峰のチーズ

農事組合法人
共働学舎新得農場《きょうどうがくしゃしんとくのうじょう》

［北海道上川郡新得町］

福祉の制度に依存しない開かれた共存の場で

北海道南部に連なる日高《ひだか》山脈の裾野の町、北には大雪山《だいせつざん》連峰、南東には十勝《とかち》平野が広がる新《しん》得町《とくちょう》。ＪＲ新得駅を降りて車に乗り、時折小さく自己主張する「新得農場はこちら」という木の看板を横目に15分ほど走ると、道路脇に白樺林が広がってくる。道路の反対側は青々しい平野の中に職員の宿舎らしき平板のログハウスが見え、その先にある駐車場で車を停めて降りる。

高い青空から夏の終わりの日差しが注がれ、辺り一帯の緑が眩しい。手入れがされたハーブの花が咲くビオトープガーデンの向こうでは、ゆったりと数頭の黒い羊が草を食んでいる。

駐車場近くにある円形の赤い木造の建物は、アイヌ語で「広場」「人の行き交う場所」を意味する「ミンタル」というレストランだ。ミンタルの奥には、黒く塗られた木造りの外観に、逆三角形のフォルムにデザインされた白い柱が映える「カリンパニ」という、観光客がチーズやバターづくりを体験できる新得町都市農村交流施設がある。カリンパニはアイヌ語で「エゾヤマザクラ」を意味している。

ここ、農事組合法人共働学舎新得農場（以下、新得農場）は、1978年の立ち上げ時から、多様な人たちが酪農や農作業に取り組みながら共同生活をしている。身体や心にハンディのある人、居場所が見つけられない人、被災した親子、そのような人たちと生きたいという人もやって来る。また、チーズづくりや野菜づくりを学びたい若者など、希望して申し込んできた人たち老若男女70人ほどが住んでいる。

3ヶ月は寮費と食費が無償だが、その後は働く意欲があれば生活費もプラスで支給される。全国でも珍しく、福祉の制度に依存せず、高品質なチーズを製造販売することによって、組合法人がNPOと労働委託の業務契約をするという形の組織で運営されている。

私がここを訪れるのは2回目になる。前回は2015年の雪が降り積もる季節、チーズ職人の見習いに来ていた若い女性の部屋に宿泊させてもらった。同じ頃、ボランティアで海外から一般男性と、男子学生二人も来ていた。その学生には全く日本語が通じなかったけれど、彼らは何の違和感もなく溶け込んで淡々と働きながら、聖書を手に食卓を囲んでいた。

そんなふうに、新得農場には国内外から様々な人たちが、職人修業や体験にやって来る。

前回の訪問時、雪の新得農場をぐるりと見学させてもらった。おいしいチーズになる乳を出してくれる黒い大きな瞳のブラウンスイス種の子牛、牛舎での世話、1日2回、早朝と夕方に行われる牛の搾乳、チーズができる工程など。

搾乳室で搾られた乳は、できるだけ動かさず、空気に触れる時間を短く、新鮮な状態のままで隣のチーズ工房に移され、速やかにその日のうち加工に取り掛かる。

チーズ工房の地下に下りていくと、冷んやりと一定の低温度と高湿度に保たれた、石造りのチーズ熟成庫がある。建物の床下には炭が埋められ、釘を1本も打たず、札幌軟石《なんせき》とレンガと

木材だけで造られているという。

釘を打たないのは、鉄を使うと空間のマイナスイオンが鉄を通して抜けてしまい、チーズの熟成をしにくくしてしまうからだ。

炭を埋める理由は、乾電池の中の炭素棒がプラスの働きをする原理を応用しているから。地中に埋めた炭が熟成庫内にマイナス電子を放出するので、空気中の水分子がマイナスイオンで覆われる。チーズも発酵しながら呼吸してマイナス電子で覆われているため、マイナス同士が反発して結露が起こらない仕組みなのだそうだ。

木の棚に並ぶ丸いハードチーズたちは、人の手によって繰り返し磨かれながら、ゆっくり発酵が促され、美味しく育っていく。

新しい牛舎も地中に炭を埋め、木造で建てられていた。

新得農場では「バイオダイナミック農法」と呼ばれる、農場内の生き物も土も人も全てが自然の摂理に沿って循環する考え方を取り入れている。搾乳する牛の糞を土の肥やしにして、野菜や牧草を育て、それを生活している人や牛がいただく。

また、月の満ち欠けや太陽の光の微妙な変化にも考慮しながら、肥料の作り方や施すタイミング、種蒔きや収穫の時期、チーズをつくる日や種類など、全てを大自然のリズムに合わせているという。

仕事はその日にやりたいことを自分で選んで宣言

新得農場に住む人たちと食堂で食事を共にして驚いたのは、朝食時、順番に一人ずつ、午前中に自分がやる仕事を声に出して宣言し、昼食時も同様に午後やる仕事を宣言する、という習慣だった。「私はみんなの昼食の準備をします」とか、「私は牛の世話をします」のように、自分で仕事を選ぶ。そして夕食時には「私は今日、午前中に畑を耕して、午後はチーズを磨きました」など、その日にやった仕事を全員が報告する。

誰かに指示されているわけでなく、自主的に選んで取り組むので本人もストレスが少ない。しかも、仕事の采配や責任は自分にあるので、たとえ一言であっても報告する姿は誇らしげに見える。複数の人が同じ仕事を選んで重なってしまっても、そこではベテランの人が慣れていない人に教えるなどして、その場で役割と新しい関係性が生まれるようだ。

中には「今日はやりません」という人もいる。休むという選択も体調が悪ければ仕方がないことだし、それを責める人はいない。でも、仕事をサボりたくて休んでしまうと、自主的に働く人たちと食事を共にしにくい雰囲気になる。結局、本人の居心地が悪くなり、働いている方が楽しく過ごせることに気づく。

自主的に選んだ仕事と報告を声に出すというだけで、それぞれの自己肯定感を満たすことにつながり、これほどまでコミュニティの自治に効果を発揮するものなのだと、話を聞きながら、とても新鮮な気持ちになった。

教育の手が届かない子たちに「自労自活」の学舎を

そんな前回の訪問からこれまでの間、新得農場の代表である宮嶋望《みやじまのぞむ》さんに、大きな事件が起こった。

宮嶋さんは事業家であり、酪農家であり、研究家であり、365日24時間、新得農場のメンバーの父親のような存在でもある。創設からこれまで、新得農場のためにずっと走り続けてこられた。

2017年、宮嶋さんがチーズづくりの師として技術を学んでいたジャン・ユベール氏（フランスAOCチーズ協会会長）を訪ねたフランスの空港で、突然意識を失い救急車で運ばれたのだ。すぐに脳血栓の治療を受けたが、半身に麻痺が残り、息子さんが迎えに来て日本に帰国後、リハビリを続けてこられたという。

お目にかかるまで不安だったが、カリンパニの建物の中から扉を開け、杖をつきながらもテラスをしっかりした足取りで歩いて来てくださった姿と笑顔を見て、少しほっとした。「もう随分と良くなりましたよ。娘には、相変わらず口が達者だから身体はそれくらいでちょうどいいわって、笑われますけどね」と、変わらない明るい笑い声。周囲の人を心配させてしまうようなことは決して口にはされない。

宮嶋さんはフランスに発つ直前まで、ほとんど寝ずに仕事をされていたそうだ。新得農場の開拓当初も、チーズ事業を軌道に乗せようと、億単位の借金を返済しながら、責任の重圧と過労から心臓発作で3回も倒れられたと聞いている。

全くのゼロベースから大きな借金を抱え、ハンディがある人たちとの仕事としてチーズづくりをスタートさせ、彼らと「取っ組み合うような生活」を共にしながら、福祉制度の恩恵を受けず、世界に高く評価される品質と売り上げにまで育てた宮嶋さん。これほどの気力と情熱は、どこから湧いてくるのか、その原点はどこにあるのだろう。

「僕は子どもの頃、すごくやんちゃで負けず嫌いで、その頃と本質は変わっていません。4人兄弟の長男だったけど、年上の従兄弟とその家族が一緒に住んでいて、6人兄弟の二男みたいな感じで育ってね。いつも従兄弟と弟とつるんでいました。中学に上がる時、父の言うことを聞かずに反発しちゃって、中学から高校は自由学園の寮に入っていましたから、父とほとんど話をしなくなったんですよ」

自由学園（東京都東久留米市）とは、「自労自治」の精神で独自の教育を実践するキリスト教の私立一貫校。生徒たちは寮生活を中心に、自ら考え、自らの手で生きる力をつけ、自給自足に近い体験を積んでいく。

宮嶋さんの父、眞一郎《しんいちろう》さんは、自由学園で人望の厚い英語教師だった。目が不自由になり50歳で教員を退職後、宮嶋家の故郷である長野県小谷村で、1974年に最初の「共働学舎」を立ち上げたのだ。

TOKACHI PRIDE
TOKACHI PRIDE
Raclette
ラクレット

眞一郎さんは、「いちばん教育を必要としている者に手が届かなかった。身体や精神に不安がある子どもたちに、今現在持つ自分の力で生きていける、共に汗を流して働く学舎《まなびや》をつくりたい」との思いを持って、自由学園に倣い「自労自活」の理念を掲げ、全国に共働学舎を立ち上げようと寄付を募っていた。今では長野、北海道、東京の合わせて5カ所で活動している。

ゆっくりなペースの人たちと本物のチーズづくりを目指して

「父は、自由学園ではカリスマの、みんなから素晴らしいと評価される正義の人でした。でも僕は、父の力ではない自分の実力をつけたかったんですね。父に反抗してから高校時代にかけて、父と顔を合わせないよう、夏休みは学生寮から家に帰らず岩手の牧場で住み込みのアルバイトをして、酪農を経験しました。父は、心を閉ざした子どもたちが動物と触れ合う場をつくりたいと言っていたので、じゃあ、それを僕は自分なりにやるから時間がほしいと、アメリカのウィスコンシン州の農場へ働きに行きました。働いたお金で大学の畜産学部で学んでいた時、父が〝北海道新得町から30ヘクタールの牧場だった土地を無償で借りた〟と言うので、日本に戻ったんです」

宮嶋さんは、アメリカに渡る前に婚約をしていた共働学舎の開拓志願者の京子さんを妻に迎え、家族と仲間との6人で新得を開拓。水道も電気もない状態の土地で、牛6頭と工事現場を解体したプレハブをもらって、自分たちの手で牧場をつくり上げていった。

当初は地元の農協会員になれず、生乳が思うように出荷できなかったので、無駄にしたくない一心でチーズやバターの加工を始めたという。

「父が集めた寄付金があったので、ありがたくいただいて、でもそれは目先の生活でなく生産設備に投資させてもらいました。僕は商品価値を品質に絞って生産の仕組みをつくるべきと思ったんです。社会的に弱い立場にいる、ゆっくりなペースだけど、手作業は身体と時間を使ってじっくりできる人たちと働くためには、手間暇をかけられることを付加価値にできる発酵食だと考えました」

宮嶋さんは、アメリカで見てきた規模を拡大させようとする牧場経営を反面教師に、また、父の眞一郎さんとは違う自分のやり方で、ゆっくりな人たちが牧場で生活をしていくため、他の牧場や企業が決して真似できない、手しごとの高品質を目指すことに焦点を絞った。

「日本の風土は、湿度が高く豊かな植生環境なので、欧米より何十倍もたくさんの種類と量の微生物が生きているし、それを長い歴史の中で食文化に活かしてきていますからね。〝本物のチーズ〟をつくろうって決めたんですが、当時、日本のチーズは大手企業の工場で製造するのが当たり前で、名も無い牧場で手づくりするなんてことは、考えられない時代だったんですよ」

そこから、今や新得農場のチーズは世界トップレベルに評価され、１９９８年にオールジャパン・ナチュラルチーズコンテストで「ラクレット」が最高賞を受賞してから、ヨーロッパの「山のチーズオリンピック」でソフトタイプの「さくら」が、２００３年に銀メダル、２００４年に金メダル・最高賞を受賞。その後も数々の賞を受賞している。

生産が追いつかないそうだが、自然の旨味と深みを感じさせてくれる、実に優しく美味しいチーズだ。

「コンテストに行くと、もう君たちのチーズのすごさはよくわかったから、いい加減に引っ込んでいてくれないかって、冗談まじりに言われるんですよ。ヨーロッパのチーズコンテストで日本にばかり賞をあげるわけにはいかないからって、あははは」

小さな弱さが生んでいく共鳴力が組織や社会を強くする

今、日本でつくられるチーズの7割以上が北海道十勝産だ。宮嶋さんは大学時代に光合成など光の研究をしていたが、偶然にも新得は光の恩恵が発酵に素晴らしく良いことがわかったという。

それは、南東側が十勝平野に開いているので、朝日と午前中の「青く波長の短い光」がたっぷり入り、中でも新得農場は北側の新得山と北西側の低い山の尾根が風を防ぎ、午前中に光の陽だまりができること。また、北半球の「発酵ライン」とも呼ばれる北緯43度に位置し、鞍部が真西にあるので、「波長の長い赤い夕日」が入り、その光が大地のエネルギーをも運んで良い発酵を促し、ワインやチーズづくりに最も適した位置にあったのだ。

新得町には縄文時代の遺跡も多く残っているが、宮嶋さんは、「太古の昔から、人間が生きていくために重要だった大地と太陽の光を敏感に感じていた先住の人たちが、ここでいろいろなものづくりや儀式をして、多様な人たちと自然と共鳴しながら社会を営んでいたのでは」と考えている。

新得農場では、そんな古代の人たちの営みや手しごとを、機械には頼らず自然に委ね、微生

さくにゅう あさ…5:00〜 (えさば 4:30〜)
夕方…16:30〜 (えさば 16:00〜)
いっしょにしぼりたいひと
えさあげたいひと かんげい♪
阪本さんや牛メンに声かけてね
さくにゅう頭数 6/2
作業予定
↓やること↓
4/19(月)〜急いで電牧線張り
〜乾乳舎前整地
〜育成えさ場はがし&電線張

物によって微生物を活かしながら、今の時代に「ほら、できるよ」と、ゆっくりな人たちが再現しているかのようだ。

そして、太古の人たちは、どんなに大きくて強いものも、たくさんの小さく弱いものたちに支えられている存在だと知っていたのではないか。小さく弱いものに対して、何かを行うことは、世界全体のための振る舞いに他ならないという聖書のおしえ（いと小さき者の一人のために為したるは、すなわち我のために為したるなり／マタイによる福音書25章40節）を宮嶋さんは引用している。

自然界の中では、弱く小さな微生物たちが、発酵しながら旨味と深い味わいを醸し出し、無機質なものを有機質に変えていく。人間界の中でも、一つの原理や主義で固めようとする組織は、強いように見えて実は脆く、弱く小さな人たちが見えない微生物のように発酵しながら、有機的に心の豊かさをゆっくり感じさせてくれるのが、本当は強く幸せな組織や社会なのだろう。

「弱い彼らは、人々に大切なことを伝えるメッセンジャーなんですね。生物の種や人間組織に多様性が必要と言われますが、僕たちはむしろ社会には弱いものが必要不可欠だと考えているし、創造力に満ちた強い共鳴力というのは、強い人たちばかりでは決して生まれないんです」

自然災害やコロナ禍を経験して、当たり前の生活が当たり前でないと身をもって知った私たちは、自然界の摂理に沿う小さな発酵組織のようなコミュニティが、実は強いことに気づき始めている。

ただ、そのやり方をまだ多くの人たちが知らないだけで、新得農場が気づきを与えるモデルになってくれたらと願わずにはいられない。

これまでに、新得農場でゆっくりな人たちと一緒に修業をした若いチーズ職人たち数十人が、DNAを受け継ぎ、各地に巣立っているそうだ。その職人たちのチーズから語り継がれ、気づきを得る人たちが増えてくるのかもしれない。

御蔵島でイルカと泳ぎ、自分が持つ力を取り戻す子どもたち

特定非営利活動法人 CROP.《クロップ》-MINORI《みのり》

［神奈川県横須賀市］

海岸の高台に広がる子どもたちが暮らす小さな村

三浦半島に位置し、東側が東京湾、西側が相模湾に面している横須賀市。東側の横須賀港には無機質な灰色の軍艦が停泊し、西側はサーフィンのメッカ、湘南海岸から続く逗子海岸がある。

混雑する海岸道路を避け、横須賀インターから車で西に30分。この辺りは海岸近くまで高台

で、坂道やトンネルが多い。バス通りを左折すると、建ち並ぶ住宅の間を縫うように、くねった急な上り坂が続く。

「くすのきびれっじ」と呼ばれる敷地に到着すると、すぐ向こう側の海岸とは別世界の、鬱蒼と木々が生い茂った風景が目の前に広がる。

名前の通り、シンボリックなくすのきが出迎えてくれる、600坪ほどの緑豊かな敷地には、真ん中の庭を囲むように無垢の木の建物が調和しながら3棟建っている。このうちの2棟は、親元で暮らせない事情がある子どもたちが、職員と共に生活をするファミリーホーム。もう1棟は、地域の人たちと一緒につくったシュタイナー幼稚園「おひさま園」。週5回、平日は園児たちがここにやってきて過ごしている。子どもたちの生活と自然が溶け込むように、想いのある人たちが手をかけている場なのだと伝わってくる。この日も、数人のボランティアの人たちと子どもが、汗を拭きながら庭をせっせと掘っていた。

ファミリーホームとは、家庭環境を失った子どもが、養育里親の家庭に似た環境で生活できる「里親型グループホーム」のことだ。2008年の児童福祉法改正により「小規模住居型児童養育事業」として正式に実施され、全国に400カ所程度建てられているが、国は1000

カ所を目標にしている。

親からの虐待、ネグレクト（育児放棄）、離婚や病気などの様々な理由で、児童相談所で「家庭には戻せない」と判断された、いわゆる「社会的養護」が必要とされる18歳未満の子どもたち。いったんは児童相談所に併設される一時保護所に預けられ、その後、児童養護施設や里親家庭で暮らすようになることが多い。

児童養護施設では、全国で3万人近くの子どもたちが暮らしているが、昨今では、大勢の集団生活より家庭的な環境で育てることが望ましいとされている。児童養護施設では家庭的で小さなユニット（家のような宿舎）を建てるようになり、子どもを家庭で養育する里親制度の普及が急がれている。そんな状況下で、児童養護施設と里親の中間にあたるファミリーホームが求められているのだ。

施設も里親もファミリーホームも、原則として子どもは18歳になったら、そこを出て自活することになっている。中でもファミリーホームは、子どもにとって「自立した後、いつでも温かく迎えてくれる大きな家族」のような存在でもある。

傷ついた心を癒す、空気と水脈が流れる生活の場へ

「お待ちしていました！　どうぞ」と、ファミリーホーム「クロップハウス」の玄関ドアを開け、明るい声で迎え入れてくれたのは、CROP.-MINORI（以下、クロップ）代表の中山《なかやま》すみ子さん。

「ちょうど今、庭の土を掘り起こして、くん炭を撒いて、地面に竹を刺して空気と水の流れを作る作業をしているんですよ。真ん中の庭はみんなが行き来して踏み固まってしまうので」

クロップでは以前、寄付に恵まれ、この土地に隣接する3LDKのテラスハウス2軒を借りてファミリーホームにしていた。その後、ここに理想的な場をつくろうと、長く手付かずだった別荘地の整備から3年をかけ、くすのきびれっじ計画が進められた。

中山さんは、心が傷ついている子らがストレスなく生活できる場にしたいと、支援者や仲間と検討。パートナーに選んだのは、人工的な土木建築によって失われる土地本来の力を取り戻そうと、山奥のダムから身近な住環境まで、全国各地で再生に取り組む造園技師や建築家。土地の空気と水脈の流れを分断せず、大自然の一部として循環させる環境づくりを実践する「大地の再生（結の杜づくり）」と呼ばれる、私もよく知るプロジェクトの方々だった。

満を持して2020年に完成したクロップハウスを、中山さんに案内してもらう。ここには小学生から19歳までの女子4人、男子2人の計6人が生活をしている。玄関を上がると、1階は光が差し込む明るい12畳ほどのリビングと6畳の畳スペース、オープンキッチン、奥は洗面所と風呂場、お手洗い。建築素材は全てが天然素材、花が飾られ、とても心地がいい。一人ずつ分けられた洗濯物入れ、鏡の扉の洗面セットなどが揃い、自主的に整頓されている様子がうかがえる。

1階のテラスに出ると大きな樽に醤油が仕込んである。「ちょっと舐めてみません？　月に一度みんなで天地返しをしているのですよ」と勧められるまま、味見をさせてもらうと、しょっぱい大豆の粒にしっかり醤油のコク。唯一無二の手づくり醤油は、子どもたちもさぞ楽しみだろう。

2階は共有スペースと6人の個室。一人3畳程度のスペースに、作り付けの二段ベッド、学習机と棚。どの部屋もベランダに出て庭を一望できる。建物全体に風が流れる設計なので、窓を開けると爽快だ。沖縄の赤土を混ぜた漆喰《しっくい》で、子どもたちも一緒に壁塗りを手伝ったという。その壁際には、シュタイナー教育の一つである「手しごと」の時間に子どもたちが創作した小物がある。

ドイツでルドルフ・シュタイナーが提唱した、子どもの感情や意思に働きかける総合芸術の人間教育であるシュタイナー教育。子どもの心身の発達プロセスに合わせながら、一人ひとりの個性を調和的に導く教育カリキュラムは、クロップに来る子どもたちと、とても相性が良かったようだ。

「時間をかけて何度も絵具を乾かしては重ねて描いたり、自然素材を使った手しごとなど、不安定な子たちの心身がとても落ち着いて可能性が引き出され、本当に必要な教育だなと実感したんですよ。クロップの子たちには自費でシュタイナー幼稚園に通わせました。そしてクロップの子たちが地域の子たちと一緒にシュタイナー教育に触れられるよう、ここに幼稚園を建てたんです」

中山さんに、シュタイナー幼稚園の建物へと案内してもらう。建物脇には、ご近所の藍染師の方が指導してくれているという藍染用の染液を入れた「藍がめ」がある。引戸を開けると、12畳程度の静かな空間。藍染で子どもたちが染めたカバーのクッション、シュタイナーらしい手づくりの布人形が置かれている。テーブルの上には抹茶ケーキとお茶が準備されていた。

「お菓子づくりが好きな19歳の女の子が焼いてくれたんですよ。彼女は知的障がいがありますけど、介護施設に福祉就労が決まって、本人は一人暮らし希望なので、自立の準備をしているところです」

台所で自炊の練習もしているのだろう。とても美味しくいただく。

児童養護施設の子どもたちを解放したドルフィンスイム

クロップで暮らす6人の子は、それぞれに問題を抱え、児童養護施設の集団生活が難しいと判断されてここにやって来ている。障がいのある子、自傷行為の激しい子、クロップと精神科の閉鎖病棟とを行き来しながら、処方される薬が20錠までに増えていった子もいたという。多くの子は「愛着障がい」を抱え、大人に対して激しい「ためし行動」を繰り返す。何歳になっても赤ちゃん返りをして、3歳までに親にしてもらえなかったことを、信頼できる大人に受け止めてもらおうとする行動だ。

他にも、巣立った子たちからのSOSにも対応するため、中山さんの気は休まる暇がない。関わる全ての子たちを親のように受け入れていくこの道を、中山さんはどんな経緯で選んだのだろう。

私自身、クロップの活動には1998年頃から興味を持っていたのだが、中山さんと向き合ってゆっくりお話を伺うのは、これが初めてだった。

「私は元々OLでした。24歳頃、仕事が忙しかったせいか、ひどいアトピー性皮膚炎になって、友達に『それは心と身体のバランスが崩れてるんだよ』って言われたんですよね」

中山さんは藁にもすがる思いで、友人に誘われるまま心の講座に参加。そこでイルカと心を通わせて泳ぐドルフィンスイムとアートセラピーに出会い、興味を抱く。1992年当時、まだ国内にドルフィンスイムは見当たらず、ハワイでのワークショップに参加して心身が解放される手応えを感じると同時に、日本でもイルカが住む島ならできるのではと、翌年、自ら御蔵《みくら》島《じま》でワークショップを開いた。

「その時に自閉症の子を連れてきた女性から、その後の変化の素晴らしさを聞いたんです。それで、ドルフィンスイムは子どものケアにも疲弊した親子関係にもいいし、何より、生命の根源的な地球とつながれる感覚が『生まれてきて良かった』と思わせる力になると確信しました。1997年から毎夏、児童養護施設の子たちを御蔵島に連れていくようになったんです」

しかし、当初は神奈川県内の児童養護施設の子を連れていこうと訪ねても、理解されず全て門前払い。その中で、後のクロップ副理事長となる藤野知弘《ふじのちひろ》さんと座間市の児童養護施設で出会い、「あなたのやろうとしていることは、人を信じる心を育める素晴らしい取り組み。ぜひ連れていってほしい、イルカ好きな女の子がいる」と言って、藤野さんが自腹を切って参加させてくれた子が、最初の参加者となった。

中山さんはOLを続けながら寄付を募り、ボランティアでドルフィンスイムを毎年開催。参加者も増えていく中、二つのことを実感する。一つは、子どもたちの変化だ。

「心にストレスを抱えて反社会的な行動を起こしてしまう子たちが、御蔵島に行くと不思議なくらい落ち着くんです。施設や学校では制約と規則ばかりで、あれをしてはダメ、これもダメと、褒められる経験もない子たちが、日常から離れ、大自然の中でのびのびと自分を解放できる。人口300人くらいの小さな島で、地元のおじいちゃんやおばあちゃんたちとも顔見知りになって、子は宝だと大事にして声をかけてくれます。そして、海の中でイルカと泳ぐと、本来自分の中に持っていた力が湧いてくるんですね。イルカが自分を友達として認めてくれた嬉しさから、自己肯定感も上がるし、泳ぎが苦手な子だって、自分から海に入る！って言い出しますよ」

施設出身の当事者をスタッフに、ファミリーホームを始める

そしてもう一つ、避けては通れない課題にぶつかる。御蔵島に行った子どもたちが、18歳で児童養護施設を出てから行き場をなくし、中山さんを頼って家に転がり込んでくるようになったのだ。当時、中山さんが一人で暮らしていた賃貸の家に、多い時で8人の若者たちが同居していた。薬物や窃盗に手を染めてしまい、後に引けなくなった子も。「一緒にいると、何一つ悪いことをする子ではないんですよ」。しかし中山さんは、自首を促すしかなかった。

「高校卒業後は、児童養護施設を出て自立しないとなりません。高校に行けない子や中退した子はもっと早くなります。その後のサポートが必要なんですよね。親の愛情を受けられずに不安定で問題があった子たちが、10代で働きながら自活するのはとてもしんどいこと。寮付きの会社に就職する子が多いんですが、うまくいかなくて退職したら、仕事も住む所も両方なくなっちゃう。そうやって路頭に迷う子たちが大勢います」

中山さんが行政窓口に掛け合うと、「15〜20歳を対象に、仕事をしていること、家賃を納めることが条件になる、自立援助ホームを開所してはどうか」と勧められるが、中山さんが必要と考える支援の形ではなかった。そんな中、里親に近いファミリーホームが、新たに児童福祉法に盛り込まれると聞き、渡りに船と開所を決めた。

そして2011年、「ファミリーホームをやるから、スタッフになってくれる?」と中山さんが声をかけたのは、16歳からドルフィンスイムに通いリーダー格になっていた、当時27歳、現在は施設長の片平大輔《かたひらだいすけ》さんだった。

片平さんがドルフィンスイムに参加したきっかけは、高校生の時、それまで親しかった学校の友達に「携帯電話を持っていない」という理由で仲間外れにされ、通信制高校に編入したことだった。児童養護施設でも優等生で過ごしてきた片平さんにとっての初めての大きな挫折。施設職員の勧めで、夏休みにドルフィンスイムに参加したその時のことを、片平さんはこんなふうに回想した。

「それまでは施設と学校の往復だけ、他の世界を全然知らなかったんですよ。僕は身寄りが一人もいなくて、親元に夏休みの一時帰宅をすることもなかった。だから、初めて新しい世界を知った衝撃がすごかったです。イルカと泳いじゃった！　人生初の自慢できることじゃん！　みたいな（笑）。施設に慈善活動で単発イベントに招待してくれる企業や大人の人はいたんですが、中山さんとは毎年御蔵島で一緒に宿泊して、普段も食事とかに行って。他にそんな大人はいなかったんですよね」

片平さんにとって、中山さんやクロップのメンバーは親戚のような存在になっていく。やがて18歳で施設を退所。寮付きの職場に行くが、当時まだ4年制の通信制高校生として在学中、スクーリングに通えず学業との両立ができなくなってしまった。悩んだ末、中山さんに「仕事を休めないんです。でも、高校は卒業したい」と、相談をしたのだ。

「今はもっと柔軟になっているんですが、僕の頃は全員一律18歳で施設退所が決まっていました。児童養護施設って、僕たちが出た後はすぐに次の子たちが入ってきて、職員の人たちは世話で手一杯だってよくわかっていたので、もう頼っちゃ悪いなと、施設には電話できなかったんですよね」

片平さんは、中山さんの自宅で高校卒業までドルフィンスイムのスタッフとして受け入れてもらい、そして数年後、晴れてファミリーホームの施設長となって恩返しする立場になった。

子どもたちを負の連鎖に巻き込まないために

「大ちゃん(片平さん)みたいに、優等生からの挫折も、施設を出てから働く大変さも経験していて、しかも誰一人として身寄りが存在しない子って、とても珍しいんです。天涯孤独なわけですから、ファミリーホームの施設長が大ちゃんだったら、子どもたちにとってもロールモデルとして、『大ちゃんってすごい! 親も親戚が一人もいなくても、大ちゃんみたいに立派になれるんだね!』って、励みになると思ったんですよね」

そんな中山さんの言葉に、片平さんは照れながらも「いや、もう責任重大なので、施設長を受けるのは、時間をかけて、ものすごく覚悟を固めました。一度スタートしたら降りられないぞって。でも、施設を出てから、結局ホームレスになっちゃったり、死んじゃった人もいるし、自分の子が産まれたら施設に入れちゃったり、そういう悪いループとか、施設の限界とかをたくさん見てきたので、自分がやるからには絶対にそういう人生にしてほしくないって、いつも思いながら、子どもたちに接しています」と力強い目で答えた。

社会的養護を必要とする子たちは、愛情をかけられなかったなど、両親に何かしら問題があ

るケースがほとんどだが、その両親もまた愛情をかけられずに育っていることが多い。「児童虐待」の定義には、「身体的虐待」だけでなく、言葉や態度で子の心を傷つけ、二次障害を引き起こしていく「心理的虐待」も含まれる。

片平さんが言う「悪のループ」、つまり心を傷つける「家庭内の負の連鎖」が、密室内の文化として、ひたひたと暗い影を落として繰り返されていく。そこがとても根深い課題なのではと感じてしまう。

もちろん、そこにメスを入れるのは簡単なことではなく、専門家に力を入れてほしい分野であり、社会でもっと広く認識してほしい課題でもある。しかし現場で優先されるべきは、目の前の虐待を受ける子や愛着障がいの子、自傷行為を繰り返してしまう子たちをどう救えるかだ。

クロップの素晴らしさは、そんな子どもたちに島と海とイルカとつながる心のケアをボランティアから始め、30年近くも支援仲間と続け、子どもたちの傷を癒し続けるベースがあること。さらに、子どもたちにふさわしいと思われる暮らしの場をつくり、シュタイナー教育も取り入れたことが、児童福祉への新しい潮流を感じさせるところだ。

御蔵島のお年寄りが「子は宝」と言うように、クロップの取り組みが、地域や社会全体で子どもたちを育てていこうとするきっかけの一つになればと願いつつ、くすのきびれっじを後に、子どもたちに手を振った。

ありのままの「命の声」を表現する
文化と福祉の地域拠点

るんびにい美術館／社会福祉法人光林会《こうりんかい》

［岩手県花巻市］

作家や世界的スターを生み出したイーハトーブの地へ

ＪＲ東北新幹線の新花巻《しんはなまき》駅に降り立ち、ホームから階段を下りる。田畑が広がる中に建つ新幹線専用の駅舎。東日本大震災後、この駅を経由して何度か岩手県内の福祉施設に向かった、懐かしい風景だ。

駅の観光案内所の奥にある展示室を覗いてみると、蛍光灯に照らされたいくつものガラスケースの中に、野球選手の写真やユニフォーム、サインボールが所狭しと並んでいる。それを見て、メジャーリーグで活躍する大谷翔平《おおたにしょうへい》選手と菊池雄星《きくちゆうせい》選手が、花巻東高等学校出身だったと気づいた。

訪れた日は強い真夏の日差しが照りつけていた。駅前からタクシーに乗りこみ、窓越しに流れていく青く広がる田んぼの風景を眺め、ここから旅立った若きメジャーリーガーに想いを馳せてみたり、作家・宮沢賢治が過ごしたイーハトーブの地、詩人で芸術家の高村光太郎が疎開していた地に来たことを噛みしめたりしながら、ゆるいカーブが続く道を抜けていく。

年配のタクシー運転手の男性に「るんびにい美術館」について尋ねると、「うんうん、るんびにい、知ってる。おらが行ぐと、喜んで声かげでぐっ子がいんだ(自分が行くと、喜んで声をかけてくる子がいるんだ)」と、ほっこりする岩手なまりで、顔見知りの子がいることを話してくれた。

商業施設のある大通りに出て、るんびにい美術館に到着。タクシーを降り、道路を挟んで美術館のすぐ向かい側にある、花巻東高等学校の校門前まで歩いてみた。スポーツバッグを持つ高校生たちが行き交い、白い校舎前には大きな垂れ幕が誇らしげになびいている。

るんびにい美術館に戻り、ちょうど開館時間の10時。今日はここを見学させてもらい、午後は、美術館のアートディレクターである板垣崇志《いたがきたかし》さんの講演会が行われる花巻市文化会館に向かい、お話を伺う約束をしている。

カフェとアトリエが併設された、美術館という名の福祉施設

美術館の外観は、道路側から見える2階部分に水色の文字で「るんびにい美術館」と描かれている。これは創作メンバーの小林覚《こばやしさとる》さん（以下、サトルさん）と、ごく一部の人だけにわかるアート文字。読解は難しい。入口から中に入ると、足元に焼き物の陶器オブジェや人形、花瓶などが並んでいる。

るんびにい美術館を運営する社会福祉法人光林会は、１９８８年、陶芸作家の協力を得て、新日鐵釜石（当時）の中古耐火煉瓦を譲り受け、手づくりの薪窯「一灯窯《いっとうがま》」に火を入れ、知的障がいのある子どもたちと陶芸活動を始めた。この火が創作へのともしびとなり、数多くの陶芸作品を生み出している。次第に織物や絵画などの表現へと広がり、板垣さんの参加によって２０

るんびにい美術館

永遠なるキヨシ
八重樫季良、無窮の創造

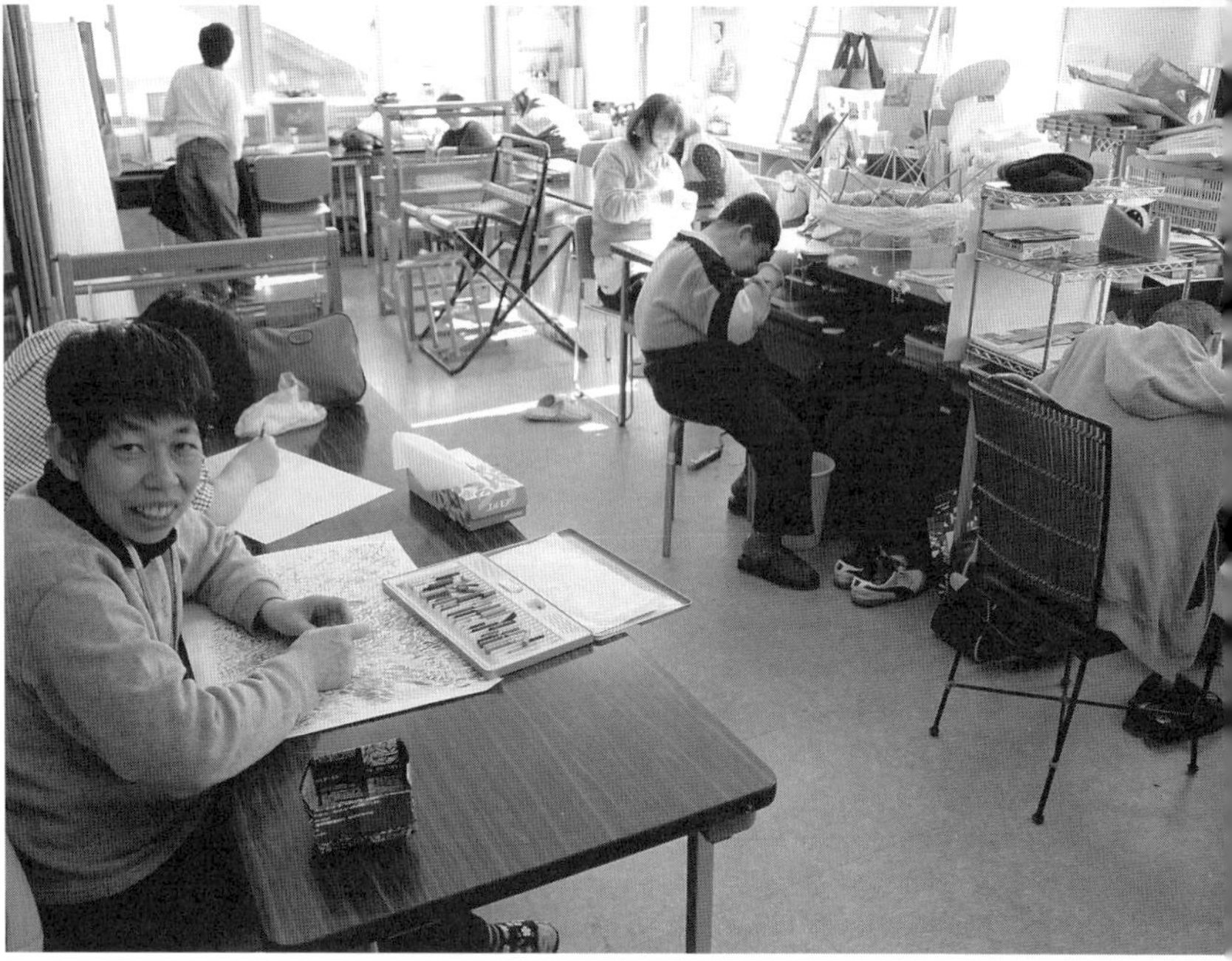

０７年、「るんびにい美術館」開設へと実を結んだ。

ここは、美術館という名の福祉施設になっている。カフェとベーカリーは、障がいのある人たちが働く就労継続支援Ｂ型事業所（P.40参照）。階段を上った2階は、創作活動のためのアトリエ「まゆ〜ら」という生活介護の通所施設だ。一般公開もされているが、残念ながら新型コロナウイルス感染が懸念される時期だったので、メンバーの方々の創作現場との触れ合いは次の機会に見送ることにした。

2階で生まれ出る数々の作品は、アトリエや1階のギャラリーで展示されている。

1階は左右に展示スペースが分かれ、中央に作品関連グッズの販売スペース、その奥がカフェとベーカリーになっている。この日は、八重樫《やえがし》季良《きよし》さん（以下、キヨシさん）の企画展が開催され、圧倒されるほど鮮やかな色彩と鋭角な直線が際立つ作品が並んでいた。

キヨシさんは２０２０年、64歳でその生涯を閉じられたが、ご本人の等身大パネルが笑顔で出迎えてくれる。ご家族やアトリエの仲間との写真、そして作品には、板垣さんの丁寧な文章で綴られた紹介と、人生の軌跡を振り返るパネルが何枚も添えられている。板垣さんのキヨシさんに対する温かなリスペクトと、日々の作品づくりを通して育まれてきた二人の友情が伝わってくる。

昭和時代にあった「義務教育免除」という制度のもと、キヨシさんは知的障がいがあることで小学校に通うことができなかった。家にいた子どもの頃のキヨシさんは、妹が学校から持ち帰った定規やクレヨンを借り、絵を描き始める。11歳から入所施設で暮らすようになるが、よほど絵を描きたかったのだろう。農作業中心の日々の合間を縫って、周囲の理解も時間も画材もほとんどない中、黙々と絵を描き続けてきたという。

展示スペースと壁を隔て、隣にあるカフェスペースに入り11時ちょうどに席に着く。すると、女性客が次々と訪れ、あっという間に16席ほどのこぢんまりとしたカフェは、ほぼ満席になってしまった。地元素材を取り入れたメニューがあるかを尋ねると、「はい、カレーは花巻の農家さんのトマト、ドリアは釜石で獲れた魚介、スパゲティも花巻産の野菜を使っています」と、どれも地元産にこだわっていた。

ドリアを注文して、サラダとスープ、デザートまでとても美味しくいただいた。

ありのまますぎるほど個性豊かな、作家と作品の止まらないエピソード

ランチ後、2キロほど離れた花巻市文化会館に向かう。

建物の中に入ると、吹き抜けのホールの壁際にある、サトルさんのアート作品のカッティングシートでラッピングされた、ポップな「旅するピアノ」が目に飛び込んでくる。正面から2階に上がる階段の先には、宮沢賢治の特大写真。この会館は賢治が生前に教鞭を執った農学校の跡地に建てられている。1階のギャラリー会場の入口では、キヨシさんの大きな作品が「ようこそ！」と言わんばかりに明るく出迎えてくれる。

会場に入っていくサトルさんとご両親らしき3人の姿を発見した。ついて行くと、サトルさんは会場の一角の小さな机に向かい、お行儀良く椅子にちょこんと腰かけた。

サトルさんのお母様が、手提げかごの中から色紙《しきし》を1枚取り出して渡すと、サトルさんは迷わずピンク色のマジックペンを選び、キュキュッとリズミカルな音をたて、文字を手早く描き始める。色紙からはみ出すほど勢いよく線を伸ばしながら、瞬く間に色紙は作品となる。

これは、紙に書かれた人の名前を見たサトルさんが、自分の脳内で文字変換をして色紙に描く「逆サイン」なるものだ。

小林 覚

サトルさんを囲んで覗き込む人たちが、驚きの表情に変わり、「わー！　すごいー！」の歓声と共に、「私も描いてもらっていいですか？」「私も！」と矢継ぎ早にリクエストの声がかかる。サトルさんは全く動じず、人差し指で宙に文字を書く仕草を繰り返しながら、名前の紙を横目で見ては色紙にペンを滑らせ、クールな表情のまま、リクエストに応えていく。

そんな中、板垣さんのギャラリートークが始まった。

板垣さんはマイクを手に、ギャラリー内に展示された作家の作品と紹介パネルの前に立ち、一人ずつの解説をしていく。サトルさんの順番が来ると本人を作品の前に手招きして「これは、サトルさんが大好きなスピッツの歌詞を描いた作品ですよね？」と話しかける。サトルさんは軽くうなずいて、板垣さんの横で床にあぐらをかいて座ってしまった。板垣さんは「あ、座っちゃうんですね。ま、こんなふうにいつもサトルさんは自由なんですよ」と自身も腰を落とし、作品の説明を続ける。

「こちらの作品は、サトルさんがビートルズの『レット・イット・ビー』の歌詞を描いて、有名な商業施設に飾られました。東京の有名百貨店からは、キャッチコピーのグラフィックデザイン化の依頼もあるほど、サトルさんは売れっ子なんです。今、世の中で求められているということだと思います」

一人ひとりの作家紹介をしながら、ひたすら丸く切った画用紙にカラフルな色を同心円のように塗った絵画の紹介に移る。

「これは、佐々木早苗《ささきさなえ》さん(以下、サナエさん)の作品です。サナエさんはマイペースで、意志の強さがすごいんです。一つの仕事に数ヶ月から数年集中するんですが、創作中にうとうとと眠ることが増えて、飽きてきたのかな?と思うと、突如パッと次の仕事に移行します。〝のめり込む・やめる〟のサイクルを繰り返し、のめり込むとあまりにすごい作品ができて、パリの美術館でも展示されました。今のこのような丸い画用紙の絵も、ある日突然、描かなくなる日が来ると思います」

そして、無数の切れ目がある丸めた木綿糸玉の作品。これは、販売用の草木染めの毛糸を球状に巻き取る仕事を担当していた似里力《にさとちから》さん(以下、チカラさん)が、つなぎ目の糸を結ぶ面白さに目覚め、こっそりと毛糸を切るイタズラから始まった。

「チカラさん、売り物だから、切っちゃだめ!」職員が何度注意しても、チカラさんは「ごめん、ごめん」と謝りながら、全くやめる気はない確信犯だった。「切って・結ぶ」行為を諦めない姿に根負けした職員が、「もう好きにしていいですから」と折れた途端、チカラさんは恐るべき細かさで大量の結び目をつくるようになった。細かすぎて最初のひと玉を完成するのに1年もかかったそうだ。その後は作業工程を分けて効率を上げ、今では3ヶ月にひと玉のペースで「切って・結ぶ」の作品づくりを繰り返している。

板垣さんは、それぞれの作家の才能を慈しむように、温かな眼差しで作品のエピソードを次々と語っていく。話題は尽きない。アトリエでの創作活動の日々がいかに豊かな時間か、光景が目に浮かんでくる。

るんびにいの作家たちは、人が何の制約も指示もなく、命が求めるまま、ありのまま自由に表現をすると、どれほどエネルギーが溢れ出てくるか、その素晴らしさを教えてくれる。そして私たち凡人は、様々な制約や常識や社会性や思い込みに、がんじがらめになって、ありのままの自分を表現できなくなってしまっていることに気づかされるのだ。

もちろん、本人たちは教えようなんて気はさらさらなく、作品という意識すらなく、素のままでマイペース。好きでつくったお気に入りのものが、なぜ自分の手から離れ、壁に飾られなければならないのか、怒り出す人もいる。もちろんそのような場合は、どんなに素晴らしい作品であっても作者の意思を尊重して門外不出にする。

壁があった時代から、全国区のアーティストとして地域で認められる時代へ

るんびにいの作家たちは、目の前にあるものをいじり、気に入らなければ触らなくなり、面白いと感じるものに出会うと夢中になっていく。そんな人たちに対して板垣さんが関わるスタンスは、「一人ひとりが何を描きたいか、何の画材や道具が適切なのかを見極めて提供するアシスタントに徹している」のだという。

板垣さん自身は、るんびにい美術館の立ち上げに関わる前、ほぼニート状態だったという。地元で生まれ育ったが、子どもの頃から人との関わりが苦手だったそうだ。人間の脳と心の関係を知りたくて、東京の大学で神経心理学について学び、研究室に残る予定だったが、教授とソリが合わずにやめ、好きな美術を学び直そうと、実家に戻って大学に再入学して銅版画を学んだ。

その後、個展などを開き「自称美術家というフリーター」だったところに、ご近所の光林会

post card

料金受取人払郵便

浅草局承認

1068

差出有効期間
2022年
9月30日まで

111-8790

051

東京都台東区蔵前2-14-14 2F 中央出版
アノニマ・スタジオ
Welfare trip ウェルフェアトリップ 係

本書に対するご感想、羽塚順子さんへのメッセージなどをお書きください。

このはがきのコメントをホームページ、広告などに使用しても 可 ・ 不可 （お名前は掲載しません）

Welfare trip ウェルフェアトリップ

1/211219

この度は、弊社の書籍をご購入いただき、誠にありがとうございます。今後の参考にさせていただきますので、下記の質問にお答えくださいますようお願いいたします。

Q/1. 本書の発売をどのようにお知りになりましたか？
□書店の店頭　□WEB, SNS（サイト名など　）
□友人・知人の紹介　□その他（　）

Q/2. 本書をお買い上げいただいたのはいつですか？　年　月　日頃

Q/3. 本書をお買い求めになった店名とコーナーを教えてください。
店名　コーナー

Q/4. この本をお買い求めになった理由を教えてください。
□タイトル・テーマにひかれて　□著者にひかれて　□デザインにひかれて
□その他（　）

Q/5. 価格はいかがですか？　□高い　□安い　□適当

Q/6. ジャンル問わず、好きな作家、雑誌などを教えてください。

Q/7. 暮らしのなかで大事にしていること、気になっていることを教えてください。

Q/8. 今後、どのようなテーマの本を読みたいですか？

Q/9. アノニマ・スタジオをご存知でしたか？　□はい　□いいえ

お名前

ご住所　〒　ー

ご年齢　ご職業

Tel.　e-mail

今後アノニマ・スタジオからの新刊、イベントなどのご案内をお送りしてもよろしいでしょうか？　□可　□不可

ありがとうございました

から声をかけられ、福祉施設のアルバイトから入り、るんびにい美術館の立ち上げに誘われた。

「僕も子どもの頃は、るんびにいの人たちと直接話す機会もなく、変な子たちがいるとしか思わなかったんです。それが、中に入って一緒に過ごしてみたら、ごく自然に、本当にいい友達になれたんです」


そしてキヨシさんとの友情については、こんなふうに振り返った。

「彼は一生のほとんどを施設で過ごしていたわけですが、2、3日に1枚のペースで作品を描き続け、いつもポジティブなエネルギーに満ちていました。自分自身を信頼して自立しているからこそ、どんな人に対しても上下関係はなく、誇り高く、誰かの評価に依存するなんてこともなく、全てを肯定的に捉える、魂のスケールがでかい人でした。短気で、言葉は不明瞭で、会話は成り立たないんですけど、実はキヨシさんに僕たちが見守られていたんだなと、いなくなってから、そのことを実感したんです」


かつて、地域の中では、知的障がいのある人たちは「るんびにい」と呼ばれ差別されていたことにも触れた。

「僕自身も過去に偏見があったように、30～40年前は、畑で野菜をつくって市内に売りに行くと〝るんびにい（障がい者）がつくった野菜だ〟と、全く相手にされず売れなかったと聞いています。それが今では、こうして市の文化会館で美術展を開催し、るんびにいアートのまちづくりにしようと石鳥谷町（花巻市）の商店街のアートフラッグになり、まちで認められなかった人たちが、まちを活気づけるエネルギーを送っています。この素晴らしいエネルギーは昔からあったのに、避けられてきた。ようやく気づいてもらえたんです」

こうして花巻市内でるんびにいアートの力が一気に認められるようになった背景には、「『ヘラルボニー』の存在もとても大きかった」と板垣さんは言う。

クリスマス前のＪＲ花巻駅の駅舎を丸ごとキヨシさんの絵でラッピングしたり、サトルさんの絵で釜石線を走る電車のラッピングをしたり、建築工事中のビルを仮囲いする大きな白い塀をアート作品のミュージアムにしたりと、「ヘラルボニー」は障がいのある人をアーティストとして世に放ち、アート作家としてのライセンス事業を成り立たせた会社だ。

株式会社ヘラルボニーは、岩手県金ケ崎町出身で自閉症の兄を持つ双子の兄弟、松田《まつだ》文登《ふみと》さんと崇弥《たかや》さんが、るんびにい美術館を訪れて感激したことをきっかけに、板垣さんに事業計画を提案して立ち上げたという。それぞれのアート作家の一つのこだわりが、ルーティンとなって絵柄になっていく特徴を活かし、松田さんたちの若い感性で様々な美しいプロダクトとして表現されたり、ファッションブランドや企業、全国の自治体とのコラボなどを実現し、るんびにいの認知を県内外で大きく加速させた。

地元行政もるんびにいに対しての意識が変わり、また作家や家族の人たちにも大きな喜びをもたらした。サトルさんのご両親は喜びをかみしめていた。

「なんだか、いきなりサトルがアーティストだなんてね。しかも高級品として高い値段で販売するって商品を見た時は、びっくりしました。障がい者の作品って、安く販売して、それをお情けで買ってあげようみたいになりますけど、センスのいい立派な作品になっていて。今までずっと〝変な子〟とか、〝子育ての失敗〟みたいに言われてきたのが、今の状況は夢のようで、幸せです」

出会いには力がある。出会わなければわからないし、理解できない

板垣さんは、サトルさんが講師となる出前授業にも取り組んでいる。中学校の授業を通して、命の言い分を伝え、「疎外」ということに向き合い、子どもたちに変化を起こす「であい授業」

と呼ぶ、50分間の試みだ。

「最初は、サトルさんが変な動きをしたり声を出したりしているので、〝見知らぬ障がい者〟として、〝あの人、私と違う〟という目で中学生たちは見るんです。まず、その意識を本人たちにちゃんと自覚してもらってから、サトルさんのご家族が話す映像を流します。サトルさんの小さい時のこと、釜石の実家が被災して流されたことも語られ、中学生たちはサトルさんの背景を知るんですね。一人の人として、家族がいて、それぞれの思いと日常があることがわかる。音楽好きなサトルさんが、歌詞を描く作品も見てもらいます。すると、中学生は〝障がい者のあの人〟から、〝サトルさん〟と名前を呼ぶように変化して、〝サトルさん、私の名前を描いてください〟と、目を見てお願いするようにまで変わるんです」

声を上げてしまったり、ちょっとおかしな行動をしてしまう様子を見かけると、必要以上に怖がって「あの人、変な人」とレッテルを貼り、避けてしまう理由は、「知らないから」にほかならない。子どもの頃から障がいのある人たちに出会って知り、理解できるような機会がないからだ。本人としては、頭の中で想像していることが膨らんで身体が動いてしまったり、自分の声が響くのが面白くて大きな声を出してしまったりと、ごく自然な行為だったりする。その

理由さえわかれば、何ら怖がることでも、避けることでもないのに。

だからこそ、「出会いには力がある」と板垣さんは言う。小中学生のうちから、障がいのある人の背景を含めて出会うことや知ることは、相手を理解しよう、言い分に耳を傾けよう、とする思いやりが生まれることにつながる。

そして、板垣さんが伝えていきたいのは、「全ての命に言い分があるということ。そして、社会にその声を聴き取る力をつけてほしい」ということだ。

板垣さんのお話を聞きながら、車で新花巻駅まで送っていただいた。

たくさんの子どもたちが「であい授業」を体験して、自らの心の中の疎外に気づき、命に線引きはないことを理解して、障がいのある人たちへの心の垣根がなくなってくれることを願い、夕陽色に染まる新幹線の駅舎から花巻を後にした。

オリーブの樹100万本の
ソーシャルファームを未来につなげる

埼《さい》玉《たま》福《ふっ》興《こう》株式会社

［埼玉県熊谷市］

北イタリア発祥のソーシャルファームを目指して

　ＪＲ熊谷駅から北に向かってバスで揺られること約20分。この辺り一帯には、首都圏の水源となる利根川沿いの平地が広がっている。周囲に山がないので空も大きく見える。住宅が点在する畑の中を通って到着。そこには高さ3メートルほどの若いオリーブの樹木たちが、柔らかな陽ざしを浴びて並んでいた。

「ようこそ、ここが僕たちのオリーブ畑です」と、埼玉福興グループの代表である新井《あらい》利昌《としまさ》さんが迎えてくださった。その後ろでは、農作業姿で黙々と枝葉を集める小柄な男性3人が、そのままの姿勢でこちらに頭を下げる。

「僕らは、ここから日本中にオリーブを100万本植えていこうって計画しています。オリーブの樹はヨーロッパで数百年から数千年も生き続けているので、ここで働く障がいのある人たちが高齢になっても、ずっとオリーブの実を採ったり、葉っぱをお茶にしたり、木の手入れの仕事があるわけで、オリーブの樹がこれから先の世代にも、〝ソーシャルファーム〟のシンボルになってくれると思うんです」と新井さんは言う。

新井さんが目指すのは、「ソーシャルファーム」と呼ばれる、様々な理由で就労困難な人たちが地域の中で働きながら、最期まで居場所となる社会的企業にすることだ。

ソーシャルファームの発祥は、1970年代に北イタリアのトリエステという街で始まった精神科病院撤廃の運動にある。退院後に街で生活をしながら回復を目指そうとする人たちの就職先が見つからず、元患者とソーシャルワーカーたちが一緒になって働く場「社会的協同組合(Social Cooperative)」をつくり、その後、ヨーロッパに広がっていった。

埼玉福興の農園や作業場、休憩するグリーンケアのスペースに立てられた看板などのデザインは、イタリアのソーシャルファームで働くクリエイターたちに倣い、メンバーが描いた絵と文字を使って、軽やかでセンスのよい空間になっている。

初めてソーシャルファームについて知った時、私自身「日本でも、これを目指せば良いのでは?」と、福祉の明るい未来が見えた気がした。日本の制度では、障がいのある人が働く選択肢は、福祉施設に通う工賃作業の「福祉的就労」か、一般企業での「障害者雇用」かの二者択一。しかも「障害者手帳を持つ人」が対象で、生きにくさを抱える人たち全般に当てはまるわけではない。ソーシャルファームは、制度からこぼれ落ちてしまう、あらゆる就労困難な人を一定の割合以上受け入れる、第三の雇用の場「ソーシャルエンタープライズ(社会的企業)」とも呼ばれている。

また、働く人たち全員が出資して組合員となる「社会的協同組合」は、雇用する側とされる側の上下関係がなく、全員が対等な立場で意見を出し合いながら、主体的に働く場づくりができる。

2020年12月にようやく日本でも「労働者協同組合法」が成立、2022年10月より施行

ミニファイター

される。そのことによって、協同組合は地域で働く組織として身近な選択肢の一つとなるだろう。また、2019年12月、日本で初めて東京都で「ソーシャルファーム条例」が成立し、2021年から「東京都認証ソーシャルファーム」の事業が始まっている。少しずつだが柔軟に、幅広い就労困難者を対象とした働く場づくりの動きは始まっている。

国際コンテスト金賞受賞も一通過点

「日本にはまだ本当の意味でソーシャルファームと呼べる所ってないと思うんですよ。日本の障害者総合支援法の中で枠にはめてしまうと、ヨーロッパのような社会的事業にならないので、いろんな方法を駆使しながら、当事者本人がどうすればステップアップできるか、工夫していかないとできません」と言うように、新井さんは地域や企業と連帯しながら、複数の組織と福祉サービスの枠組みを使い分けている。

一つは就労困難な人たちが農業で働く支援をする埼玉福興株式会社。また、24時間生活を共にする集団生活寮の「年代寮」と、就労継続支援B型事業所（P.40参照）「オリーブファーム」を運営するNPO法人グループファーム。そして群馬県では、働く人たちの住居となるグループホームと農園をＮＰＯ法人アグリファームジャパンで運営している。

私が新井さんを知ったのは、２０１４年頃、「ソーシャルファーム」でネット検索をして「埼玉福興」「オリーブオイル」「コンテスト受賞」がヒットしたからだ。ソーシャルファームを目指す現場で、どのようにして良質なオリーブができるようになったのか、しかも香川県・小豆島ではなく埼玉県で。ウェブに綴られた新井さんの熱いメッセージから、そのことを知りたくて連絡を取らせてもらった。埼玉福興では、「OLIVE JAPAN国際オリーブオイルコンテスト」で２０１４年に銀賞、２０１６年には金賞を受賞している。

新井さんには、日比谷公園（東京都千代田区）で開催された「土と平和の祭典」というイベントへの出展と、ソーシャルファームについてのゲストスピーカーをお願いした。その後、現地を訪れてみてわかったのは、新井さんたちにとって金賞受賞は一通過点に過ぎないということ。コンテストで受賞できれば、オリーブの品質や搾油技術が認められて励みとなり活動の広報にもなるからだった。目的は１００万本のオリーブ栽培にとどまらず、日本社会そのものを健康にしていく本物のソーシャルファームの実現。未来を見据え壮大な夢に向かっている途中なのだ。

「いつも世界を目指すぞと言ってますけど、やはり具体的な目標があるとみんな頑張りますからね。オリーブオイルにしても搾油は素人だし、とてもコンテストに出せるレベルじゃなかったんです。たまたま入ったスタッフが機械をいじれたので、彼に全て任せたんですよ。それで銀賞を取れたので、今度は金賞だぞ！ってみんなに言って突っ走りました」

オリーブオイルはまだ販売できるほどではなく、ごく少量の生産になっている。でも、未来を語り、信頼して任せ、励ましながらやり切らせる育て方が、「新井方式」のようだ。

それにしても、関東で馴染みがなかったオリーブ栽培にどうやって踏み切ったのだろうか。

直感で向かった小豆島での奇跡のような出来事

「2005年と翌年に小豆島から700本の苗木を運んで植えたんです。たまたま、ここ熊谷は夏の暑さが猛烈に厳しくて、利根川沿いの肥沃な土地とも奇跡的に合ったんですね。植樹後は他の農作業がすごく忙しくなったんですが、かえって手をかけられなかった分、病気に強い自然栽培で、小豆島と同じように育ってくれたんですよ」

これは誰が聞いても、「なんて運の強い人なのだろう」と思わせるエピソードだ。

「僕らは元々、障がいのある人たちと製造業の下請け仕事をしていました。海外の安価な下請先に仕事が流れてしまうことが増え、農業に方向転換を決め、2003年にNPO法人にしたんです。まだその頃は福祉から農業への新規参入の例がなくて、いくつも壁にぶつかりました。でも、これからはスローライフだ！　オリーブだ！と理由もなくひらめいて、もう直感です。下請け仕事を失って困り果て、小豆島に行ったんです」

つてもなく向かった小豆島で、新井さんが宿泊先の支配人にオリーブを育てたいと話すと、「オリーブ農園の3代目社長が同級生だから」と、オリーブ栽培のパイオニア的存在である井上誠耕園を紹介してくれた。翌日、新井さんがそこに向かうと、たまたま2代目社長（現会長）が新井さんの話を聞いて共感し、行政担当者に「オリーブの苗を売ってあげて」と、話を取り付けてくれたのだそうだ。

小豆島ブランドを守るため、オリーブの苗木は島外不出だったが、障がい者がオリーブ栽培で働く意義をしっかり受け止めてもらい、特別に新井さんの手に渡ることとなった。アポイントもなく出向いて、持ち帰ったこの素晴らしい成果。新井さんは年代寮の近くで、20年間耕作

TARAKU LAB.
ODOKE基地

放棄地だった土地を借り、自らの手で開墾してオリーブを植樹した。

現在、埼玉と群馬それぞれの農園の1ヘクタールずつがオリーブ園になっている。他にもビニールハウスの水耕栽培、施設栽培で深谷ねぎの苗づくりを300件の近隣農家から請け負い、地域の名人に習った玉ねぎ栽培も規模を拡大して力を入れている。

「玉ねぎの季節には、朝から晩まで毎日玉ねぎのことばっかり、どうすればやり切れるかをみんなで毎日話し合いながら、気合を入れてやっています。福祉だから平日の9時～5時で終了なんて甘いこと、農業では通じませんから。みんなには、自分のことばかり考えるなよ、半分は税金でお世話になっているんだから、半分は社会に貢献しなきゃダメなんだぞ、と言い聞かせてます」

福祉の枠で働くことが習慣化してしまうと、職員の人たちは支援対象として「もう時間だからね」と、作業を中断させてしまったり、当事者本人たちは「お世話されるのが当たり前」となって、一般の働く現場の意識とはズレてしまう。能力があったり本気で働きたい人にとって、やる気を削ぐことにもなりかねない構図だ。そこを新井さんは、税金で支えられていることを意識させて発破をかけ、働く意欲につなげているのだ。

19歳、受け入れる人を選ばない生活寮の寮長になる

オリーブ畑から利根川の土手方向に歩き、白菜畑の中に見えてくるのが「年代寮」だ。ここは1993年、脱サラをして縫製業を営んでいた新井さんの父、道夫さんが、福祉事業を営む知人の勧めで自宅2階を改装して、行き場のない4人の知的障がいがある人たちを受け入れたことから始まった。当時19歳だった新井さんは、その日から彼らと共に暮らすことになった。

「わけがわからないまま、みんなが生活をしていくためにやるんだと、福祉の世界へ飛び込んだ感じでした」

寮生のための仕事の必要性を痛感した道夫さんは福祉事業に舵を切り、大学生だった新井さんに年代寮の金庫まで渡して運営管理を任せたのだ。その時からこれまでずっと、新井さんは寮生たちに「寮長」と呼ばれ、道夫さんとの関係は、「親子というより同志」になった。

新井さん親子が一貫して変えなかったのは、「受け入れる人を選ばない」ということ。「障が

いがある人」と言っても単純ではない。複数の障がいを抱える人、また、障がいによる苦痛や生きづらさによって引き起こされる二次障害として、アルコールや薬物の依存症になった人、虐待やＤＶ（ドメスティック・バイオレンス）の被害者となった人、ひきこもりやニートになった人、罪を犯して少年院や刑務所に入った人、さらにはシングルマザー、若年認知症、長期失業者、難病の人など、どこにも行き場がなくなった人たちを受け入れ、共に生活をしてきた。

新たに手の掛かる利用者が加わることで施設内に混乱をきたし、職員が対応しきれなくなることを避けるため、福祉施設では書類だけ見て難しいと判断した人を受け入れないことが多い。何カ所も断られた人は最終的に、新井さんのように全ての人を受け入れる覚悟をした所にやってくる。

「人を選んでいたら福祉ではないだろうと思って。とにかく困っている人は全て受け入れ、一緒に生活をする中で当たり前の生活習慣を身につけられるよう、人に迷惑をかけないよう、繰り返し言い続けて来た、それだけですね」と新井さんは言うが、ある時は狂気や病や死と向き合い、何事も責任を取ると腹を括り、経験の積み重ねがなければできない仕事だ。

そんな稀有な存在を知って、幅広い分野の人たちが大勢視察や見学に訪れる。少年院を出た

後、再び罪を犯してしまうケースが多い中、年代寮に来た障がいのある人たちには再犯がないことに着目した、法務省の関係者や研究者も訪ねてきた。

「初めて少年院から行き場がなくて引き取った子は、発達障がいがあったんですね。最初は何も作業ができなかったんで、できることがないならリーダーやれよ、って言って、知的障がいのある子たちの農作業の面倒を見させたんです。彼はそれまで役割というのを任されたことがなかったから張り切るし、またほかの子たちはリーダーの言うことをきいてよく動くチームになったんですね。彼はトラクターの運転も覚えたし、ここに来てから12年経つんですが再犯せずに表彰もされて、頑張ってますよ」

そして、もう一人、後輩で少年院からきた子もまた、年代寮の集団生活で生活習慣を身につけてから、グループホームの1人部屋に移りステップアップしている。B型事業所から一般企業に雇用され、フォークリフトの免許を取得したという。

「みんな、仕事を任せれば貢献できるレベルに上がっていきます。頑張っても足りない部分は地域や企業の皆さんと一緒にやりながら事業を広げていくんだよ、って話してます。それがソーシャルファームなので」

少年院や刑務所にいた人たちの更生は法務省の管轄で、実は福祉の分野からすると「垣根の向こう」という状態になっている。障がい者や就労困難者、また児童福祉や高齢者福祉については厚生労働省、学校教育は文部科学省といったように、縦割り管轄の垣根を壊して飛び込む新井さんのような実践者がいなければ、具体的な解決方法は見えてこない。

これからは「地域共生社会」の時代と言われるが、省庁や制度、分野の枠、「支える側」「支えられる側」という関係をも超え、人と地域社会がいかにつながり、生きがいや役割をもって最期まで暮らしていけるか、先進的なソーシャルファームのような事例をどれだけ多くの人たちが共有して、地域に落とし込んでいけるかが鍵になるのだと思う。

どのように死と向き合い、最期とその先を見つめるか

年代寮で生活しているという青年が、少しはにかみながら、噛み締めるように、こう話してくれた。

「僕がここに来て良かったと思うことは、毎日一生懸命、畑で働いて忙しいので、その間は何も考えずにすむことです。以前は毎日朝から晩まで、頭の中でずっと死にたい、自分は要らな

GARAGE

い人間だ、それればかり考えていて苦しかったです。ここに来てから死にたいって考える時間がなくなって、それがすごく嬉しいです」

彼は虐待を受けながら育ち、引きこもっていたという。彼を呪縛していた言葉を追い払ってくれたのは、太陽の下の畑仕事と仲間との生活。言葉が行為に移ってしまう前に、ここにたどり着くことができて、心底良かったと思う。一方で、彼と同じような呪縛に苦しみながら、支援先にたどり着けない人たちは、どうしているのかと案じてしまう。

困難を抱える人と24時間365日生活を共にすると、図らずともその人たちの死とも向き合うことになる。新井さんは、これまでも寮生の死を何度も見送り、度々逃亡する寮生が利根川で亡くなって水死体で発見されたこともあったという。また、都心にあった墓石に寮生の納骨をした時には、「こんな地下の暗く湿った牢屋みたいなところに亡くなってから入るなんて、かわいそうすぎる。自分だったら絶対に嫌だし、自分の親だったら解放してあげたい」とショックを受けたそうだ。

「僕なら、このオリーブの樹の根元に散骨してほしいですね。ずっとみんなと一緒にいられる気持ちになれるし、木の栄養にもなって自然の中で循環できる。僕は無宗教だし、それが一番いいです」

社会全体を健康にしようとする壮大なソーシャルファーム計画は、多くの日本人が「このままでは何かおかしい」と感じている社会の常識に対して、新井さんが生きづらい人たちと一緒に農業や周辺地域との連携を通して表現することで、一つずつ疑問を投げかけているようにも見える。

人生の最期までを共に生きることから、さらに死の先まで見つめ、自然の一部として循環しようとする考え方も、いずれはオリーブのソーシャルファーム計画の一つになっていくのかもしれない。

大人を罰するより少年時代の
環境と教育を変えることを目指して

社会福祉法人
北《ほっ》海《かい》道《どう》家《か》庭《てい》学《がっ》校《こう》

「北海道紋別郡遠軽町」

明治時代の感化教育から民間の「児童自立支援施設」へ

女満別《めまんべつ》空港からバスで北見駅に向かい、ＪＲ石北《せきほく》本線のホームで一両だけの電車に乗る。乗客は数人だけ。辺り一面を赤々と染める夕日を車窓から眺めながら、1時間半ほどで遠軽駅に降り立つと、すでに日は沈んで暗くなっていた。歴史を感じさせる焦げ茶色の木造の頑丈そうな階段を踏みしめ、ホームから線路を越えて改札に向かう。

オホーツク海にほど近いこの町にいつか来たいと何度も地図を見ていたが、やっと訪れるこ

とができた。

翌日は朝から、社会福祉法人北海道家庭学校(以下、家庭学校)を訪れる約束をしていたので、この日は北海道に住む私の息子に迎えに来てもらい、小型キャンピングカーを近くの道の駅に停め、車中泊をすることにした。朝を迎えて目的地へと出発する。遠軽駅からは5キロほど、北西に向かって車で10分とかからず「家庭学校」の丸いバス停の標識と、石造りのどっしりとした門柱が見える。うっかり通り過ぎてしまいそうなほど周辺の風景に馴染んでいるが、ここは全国でも唯一の民間による男子のみの「児童自立支援施設」になる。

児童自立支援施設とは、「社会的養護(保護者と家庭で暮らせないなどの子を、公的責任で保護・養育すること)が必要な児童」を対象とする児童福祉施設の一つで、全国に58カ所ある。小学生から18歳未満の「不良行為をなし、又はなすおそれのある児童」に加えて「家庭環境その他の環境上の理由により生活指導等を要する児童」も児童相談所の措置を受けて入所してくる。少年たちは、ここで1年から2年程度の間、寮生活と学業、作業などを通して生活習慣と心身を整えていく。

北海道
家庭学校

留岡幸助記念室
北海道農場の開設
大自然の感化力を求めて

歴史的に見ると、1900年、「感化法」として、適当な親権等を行う者がなく不良行為をなしたなどの8歳以上16歳未満の少年を「感化院」に入所・教化させる法律が制定された。その後、「少年教護院」「教護院」と呼ばれる時代を経て、1998年施行の児童福祉法改正によって「児童自立支援施設」となった。

法務省管轄の少年院とは異なり開放処遇にしているので、建物に鍵をかけず、石造りの門には柵も扉も塀もなく、人も車も動物でも出入り自由だ。かつてはここから毎日のように少年が脱走を繰り返し、職員は捜し回ることが常だったと本に書かれていた。

その本とは、20歳頃に私が手にした家庭学校で寮長を務めた藤田俊二さんの生活記録『もうひとつの少年期』(晩聲社)と、家庭学校のルポルタージュが掲載された『父よ母よ!』(太郎次郎社)だ。当時、著者の葛藤の日々と少年たちへの深い愛情に圧倒され、「このような現場をいつか自分もきちんと知り、紹介する記事を書けたら」と思った。

まだ個人情報保護に甘かったその時代、本には子どもたちの表情と日常風景の写真が数多く掲載されていた。石造りの門に座るあどけない笑顔の小学生、雪の校舎前に学ラン姿で仲良く並ぶ男子中学生たち。過酷な状況の家庭で生まれ育った彼らのことが心に焼きついた。

当時はまだ、「子どもの貧困」とか、「児童虐待」といった言葉は、世の中で使われていなかった。

東京ドーム93個分もの北の大地を少年たちのために一から開拓

やっと訪れることができた家庭学校。広い敷地内に入りまっすぐ延びる道を進む。総面積は439ヘクタール（約130万坪）で、東京ドーム93個分以上と、見渡してもどこまでなのかわからない。敷地内の地図が描かれた鳥瞰図を見ると、山を含んで、複数の寮舎、本館、体育館、給食棟、グラウンド、診療所、牛舎、バター・チーズ製造舎、木工教室、礼拝堂などがある。

約束の時間まで、先にバター・チーズ製造舎と牛舎に車を走らせてみる。子どもたちは校舎の中で授業中のため、敷地内は誰もいない静かな風景が続く。長年、牛を育ててきたことがうかがえる牛舎と付属設備が見えてきた。ここでは大正時代からバターを製造してきた歴史があり、生乳は食品メーカーにも卸している。手づくりされているバターやチーズは、家庭学校の通販サイトで販売もされている。

事務所に向かうと、建物前には家庭学校創設者である留岡幸助《とめおかこうすけ》氏の胸像があり、「一路到白頭」と刻まれている。一つのことを白髪になるまでやり遂げるのだという、恵まれない境遇の少年たちに一生を捧げる覚悟の言葉だ。建物の中には、遠軽町立小中学校の分校として「望《のぞみ》の岡《おか》分校」の教室と、職員室がある。校長の清澤満《きよさわみつる》さんとご挨拶をする。

「どうぞ、お待ちしていました」と校長室に入らせていただく。「お話をした後、敷地内を回ってみましょうか。礼拝堂などご覧になりたいですよね。午後には作業があるので、ぜひ子どもたちの様子を見てください」と気さくに言ってくださった。

清澤校長は10代目の校長となる。北海道職員として、児童相談所、障害者施設などを経験してこられた。「これだけ歴史と伝統のある施設の校長ですから、責任が重いです」と苦笑いをされるが、家庭学校の歴史は古く、先駆的だ。留岡氏が東京・巣鴨で「家庭学校」を立ち上げたのは1899年。「感化法」が制定される前の年のことだった。

その後、大自然の中で学べる教育農場として、遠軽の地で一から開拓を始め、1914年に北海道家庭学校を開校した。この広大な寒い北の大地を「開拓した」と一言で済ませられないほど、木を切り倒すだけで年月がかかり、畑を耕しても作物はなかなか収穫できず、長い苦渋が続いたそうだ。それも自分のためではなく、少年たちのための開拓で。

岡山県出身の留岡氏が生まれた江戸末期、武士と平民の身分制度が根強く残り、留岡氏は子どもの頃に受けた不条理な体験から、平等な社会の実現を願って洗礼を受け、牧師の道を歩んだ。その後、北海道・空知《そらち》にある監獄（現在の刑務所）の囚人たちを導く「教誨師《きょうかいし》」となるが、そこで2000人以上の過酷な刑罰を受ける重罪の囚人たちのほとんどが、少年時代の家庭に問題を持ち、救いの手が差し伸べられないまま大人になっていることに気づく。

「大人になった彼らを罰するより、少年時代の環境や教育が重要だ」と、アメリカに渡って当時の監獄事情を学び、帰国後、家庭学校設立に至った。

家庭的寮生活、習熟度別授業、作業班学習と、きめ細かな支援

留岡氏が名付けた「家庭学校」。「家庭（寮）では愛を受け、学校では知を受ける」ことを目指した、わかりやすい名称だ。家庭的に恵まれない境遇の中で問題を起こしてしまう少年たちが、ここで愛着関係を形成して育ち直りができるよう、親代わりの職員夫妻と共に、愛情ある家庭的な寮生活を過ごす「小舎夫婦制」とした。寮では食事の支度、畑仕事、薪割りなどを手伝い、生きる喜びと厳しさを学べるようにしてきた。今でもお風呂は薪割りをして沸かしている。

「児童自立支援施設となった現在でも、全国に小舎夫婦制が3割程度残ってはいますが、最近では住み込みで職員を希望する夫婦自体が減り、職員交代制の施設が増えています」という。

ここでの子どもたちの生活の基本は、留岡氏の教え「能《よ》く働き、能く食べ、能く眠る」の3つを実践している。朝夕は畑でつくった野菜をふんだんに使い、職員(寮母)と一緒にご飯の支度をして、昼は全員が給食室で栄養バランスの良い給食をいただく。

2009年からは小中学校の分校教員によって、個々の習熟度に合わせた授業が行われている。また、週3日間、職員と教員が生徒たちと一緒に作業班学習を実施している。

「せっかくですから、分校での授業をご覧になってみますか?」と促していただき廊下に出ると、絵の先生と子どもたちの合作で、空から見た家庭学校を描いたという、幅4~5メートルはある色鮮やかな絵画が飾られている。

教室を回らせていただくと、北海道内からここで暮らすようになった小学5年から中学3年生までと、中学卒業後の生徒合わせて15名の生徒が、国語、英語、音楽、保健、生活と5つの教室に分かれて授業を受けている。中には教員とマンツーマンで学んでいる子もいた。どの子も集中して落ち着いて授業を受けている。授業の様子を見学するだけでは、子どもたちにどのような問題があるかは、全くわからない。

教室が並ぶ廊下の奥に、木彫りで「生徒木彫作品」と紹介された、実に見事な作品が飾られ

ていた。

「これはかなり古い作品なんです。こういう木彫りからもわかるように、かつては、問題を起こしてここに来るような生徒たちは、有り余るエネルギーを発散させていたというか、勢いとか力強さがあったんですね」

パソコンが普及する前は、今より身体を使う機会が圧倒的に多かった。手しごとも盛んだったはずだ。アイヌの木彫りの指導があったのではと思わせる作風と彫りの深さだった。また、敷地内のあちこちにある倉庫や小屋は、全て職員たちが少年たちと建てたという。

9割もの子どもたちに見られる被虐待と発達障がい

家庭学校に来る子どもたちの問題行動の数字を見せていただくと、多かった傾向は、昭和から平成にかけて、怠学、飲酒、喫煙、外泊、不良交友、金銭持出など。平成から令和にかけては、家庭内暴力、不登校、万引その他窃盗、暴力行為、性的非行、金銭持出など、時代と共に変化をしてきている。

また、ここ数年顕著なことは、被虐待経験と発達障がいの有無について、どちらも疑いを含めると「9割が被虐待経験と発達障がいあり」となっている。

発達障がいとしては、「グレーゾーン」や「ボーダー」と呼ばれる子どもたちが多いというが、ＡＳＤ（自閉症スペクトラム）傾向が６割を超え、ＡＤＨＤ（注意欠如・多動症）傾向が４割を超えている。この数字だけ見ると、家庭学校に来る子どもたちが問題行動を起こしてしまう要因として、家庭での虐待と発達障がい傾向は深く関係していると言えそうだ。

「朗読会」で発表された子どもたちの作文を見せてもらうと、人の話を聞く、自分のことを伝える、といったコミュニケーションが苦手である様子や、すぐ諦めてしまう、思い込みが強い、落ち着いて行動できない、片付けができない、といった自分の良くないところを変えたいという、それぞれの子どもたちの思いが書かれている。

しかし、清澤校長が「子どもだけではなく、世帯全体をよくみる必要があります」と言うように、この状況を受け、２０１９年、家庭学校の敷地内に「樹下庵《じゅかあん》診療所」が設置され、児童精神科の専門医による子どもたちの発達や心理ケアをはじめ、家族が宿泊して行う家族交流支援事業にも取り組むようになった。

時代は変わっても、創設者の留岡氏の言う「大人になってから罰するより少年時代の環境や教育が大切」という真実は変わらない。

全国の児童相談所に寄せられる相談内容を見ても、社会的養護が必要とされる子どもたちの要因も、統計では児童虐待が圧倒的に多い。児童虐待の定義には、身体的暴力だけでなく、言葉や態度による心理的虐待、育児放棄（ネグレクト）、性的虐待なども含まれる。子どもたちのこれからの人生のためにも、早い段階で虐待から救い出されてほしい。児童虐待の痛ましい事件がニュースで流れるたびに、誰もが心を痛め、願っていることだ。

教室から外へ出て、礼拝堂がある望の岡に向かって歩く。その手前には「平和山登山口」の立札がある。留岡氏も好んで登っていたという平和山には、毎月1回、全員で登山をするのが恒例行事だという。

以前、不登校でひきこもりだった少年が、全く登れなかったというエピソードを清澤校長が話してくれた。

「その子は家で暴力をふるい、ずっと家にひきこもっていたんですが、自力で身体を支えられないほど体重が増え、ここに来た当初は寮から分校まで坂を上って来られなかったんです。毎朝、同じ寮の子どもたちみんなで、その子を後ろから、よいしょよいしょと手で押して坂道を上ってくるんですね。山に登る時もみんなで押していました。そうやって何ヶ月かかけて、平和山にもやっと登れるようになりましてね。彼は歩けるようになって体力がついたら、意欲が出て勉強の成績も上がり、中学を卒業する時には総代を務めるほどになりました」

ひきこもりだった子の回復の喜びはもちろん、その子を毎日押しながら歩いた子どもたちは、仲間のために一生懸命に助け合いながらの一体感と達成感を感じていたのではないか。

文化財にも指定され、家庭学校の象徴でもある礼拝堂は、大切に修繕を重ねながら、質素ながら品格のある凛とした佇まいを見せている。正面の壇上には「難有」の文字が掲げられ、留岡氏の「ありがたいという感謝の言葉は、難が有ると書かれる。困難があるのは、自らを成長させてくれるありがたいことなのだ」との教えが受け継がれている。

「毎週礼拝があり、私もここで子どもたちに話をさせてもらっていますが、礼拝堂には鍵をかけず、訪れた人たちが自由に見学できるように開放しています」

望の岡を下り、家庭学校の歴史的資料が展示された博物館に入らせてもらう。入り口近くに留岡氏に関する資料部屋、その隣には、長い歴史の中で寄贈された貴重なオルガンやピアノなどの楽器、様々なコンクールで受賞した子どもたちの作品などが並んでいる。やはりアイヌの木彫りは目を見張るものがある。

先輩から脈々と受け継がれる作業班学習の精神

博物館から外に出ると、子どもたちの作業時間が始まっていた。

作業着で熊手を握り締め、草をかき集めている小学生たち。少し離れたところで、ブーンと音を立てながら防護服を着て刈り払い機を使った草刈り作業をしている中学生もいる。

「刈り払い機を練習して使えるようになるというのは、子どもたちにとって一つのステイタスなんですね。年下の子は早く使えるようになりたいなと、憧れているんですよ」

小学生は熊手を動かしながら時折横目で、「慣れた手つきで機械を扱うかっこいいお兄さん」を見ている。

作業班は「蔬菜《そさい》班」「園芸班」「山林班」「校内管理班」「酪農班」の5班がある。週3日の作業時間のほか、毎日の朝作業として、朝食準備や清掃、寮の畑作業、夕方の作業として、夕食準備、風呂焚き、薪割りなどもある。

子どもたちは、職員と教員の指導のもと、毎年1回「作業班学習発表会」というプレゼン大会を行っている。どのような作業をしてどのような成果を得ているかを班の仲間と客観的に見つめ、人に伝えるという学習の機会になっているようだ。

清澤校長にお礼のご挨拶をして、石の門に向かっていく道すがら、作業小屋の解体と組み立てをしている「校内管理班」の子たちがいた。中学生は慣れた手つきで工具を使い、ドリルでネジを外したり、刷毛を使っていた。その向こうでは、「山林班」の子どもたちが木の伐採のために山の斜面を登っていき、豆粒ほどの小さな姿になって動いている。冬になると一週間ほどスキー学習で使うというスキー山だ。

真面目に作業をする子どもたちの様子は、かつて私が本の写真で見た昔の家庭学校の子どもたちと何ら変わっていない気がした。

「木工教室」と古い手彫りの看板の小屋を過ぎ、石の門を背にして、一般道路に出る。

『もうひとつの少年期』（1979年）には続きがある。藤田さんが家庭学校を定年退職後、寮にいた元少年たちを訪ね歩く記録『まして人生が旅ならば』（教育史料出版会・2001年）が約20年後に出版されたのだ。私はその本を開くまで、大人になった少年たちが幸せな人生にたどり着いたことを期待したが、多くのその後の人生は明るいものではなかった。

学級目標
協力

家庭学校
その場で殴り倒してやる!……
涙と、怒りと、苦悩と、

藤田さんに長年連絡を取り続けた元少年は、立ち直ろうと仕事をして家庭を持ったが、どこまでも追いかけてお金を無心してくる親から逃げきれず、本人が蒸発したという顛末を読み、絶望的な気持ちにもなった。

しかし、ネットで情報が見つかる今の時代なら、子どもを抱え生活に困窮する保護者は、支援情報を探すことができる。行政の窓口相談や無料の弁護士相談、ＳＯＳを出せる支援機関や団体に相談をすれば、何らかの支援につながれる可能性は大きい。以前より確実に支援先とのパイプは太くなっているのだが、保護者である大人自身が本気で、「このままではダメだ」と勇気を出して一歩を踏み出さなければつながることはできない。小中学生の子ども自らが「児童相談所虐待対応ダイヤル（１８９）」のような支援機関にＳＯＳを出すのは、とても難しい。

少なくとも周囲の大人たちが、虐待ではないかと疑わしいことを見聞きしたら、無関心のままでなく、匿名でも通報をする人が増えることで救われることもあるだろう。

留岡氏が１００年以上前に灯したあかりが、これからも少年たちと家族を救い、北の大地に希望のあかりを灯し続けてほしい。

団地の一室から
高齢者たちと始まった小さな革命

株式会社 ぐるんとびー

［神奈川県藤沢市］

配信動画が国内で炎上、一方でアジア最優秀賞を受賞

小田急線の湘南台駅から車で20分、バスであればＪＲ東海道線辻堂駅から北に向かって15分程度で「二番構保健医療センター」のバス停に着く。バス停を挟んで大きく構えている10階建て団地「湘南ライフタウンパークサイド駒寄《こまよせ》」に向かって歩く。約２３０世帯が住むこのＵＲ賃貸住宅には、日本で初めて団地の一室で小規模多機能型居宅介護事業所を開いた「ぐるんとびー駒寄」がある。

小規模多機能型居宅介護（以下、小多機）とは、「要介護」と認定された利用者が、日帰りで施設に通う「デイサービス」、短期で宿泊する「ショートステイ」、ヘルパーによる自宅訪問「訪問介護」の3つを組み合わせながら、ほぼ同じ事業所で柔軟に対応できる介護サービスになる。要介護度の重さによって異なるが、生活をするために必要な在宅支援が受けられる。

ぐるんとびーは、アジア太平洋地域20カ国以上が参加する「高齢者ケア・イノベーション・アワード」で、2020年に最優秀賞を受賞している。実質、アジアで最も優れた高齢者施設に選ばれたことになる。ぐるんとびーが掲げる「地域を一つの家族に」というコンセプトと実践が一致していることが高く評価された。日本が目指している「地域共生社会」の具体的モデルケースとしても国内外から注目されている。

知らない人が聞くと「アジア最高の介護サービスが団地の一室に？」と不思議に思うかもしれない。介護が必要な高齢者が安心安全に過ごすには、清潔でピカピカの設備が整ったホテルのような施設が良いかのように思われている。でもそれは、管理する側がリスクを減らし、効率よく機能的に介護できることを優先しているからではないだろうか。

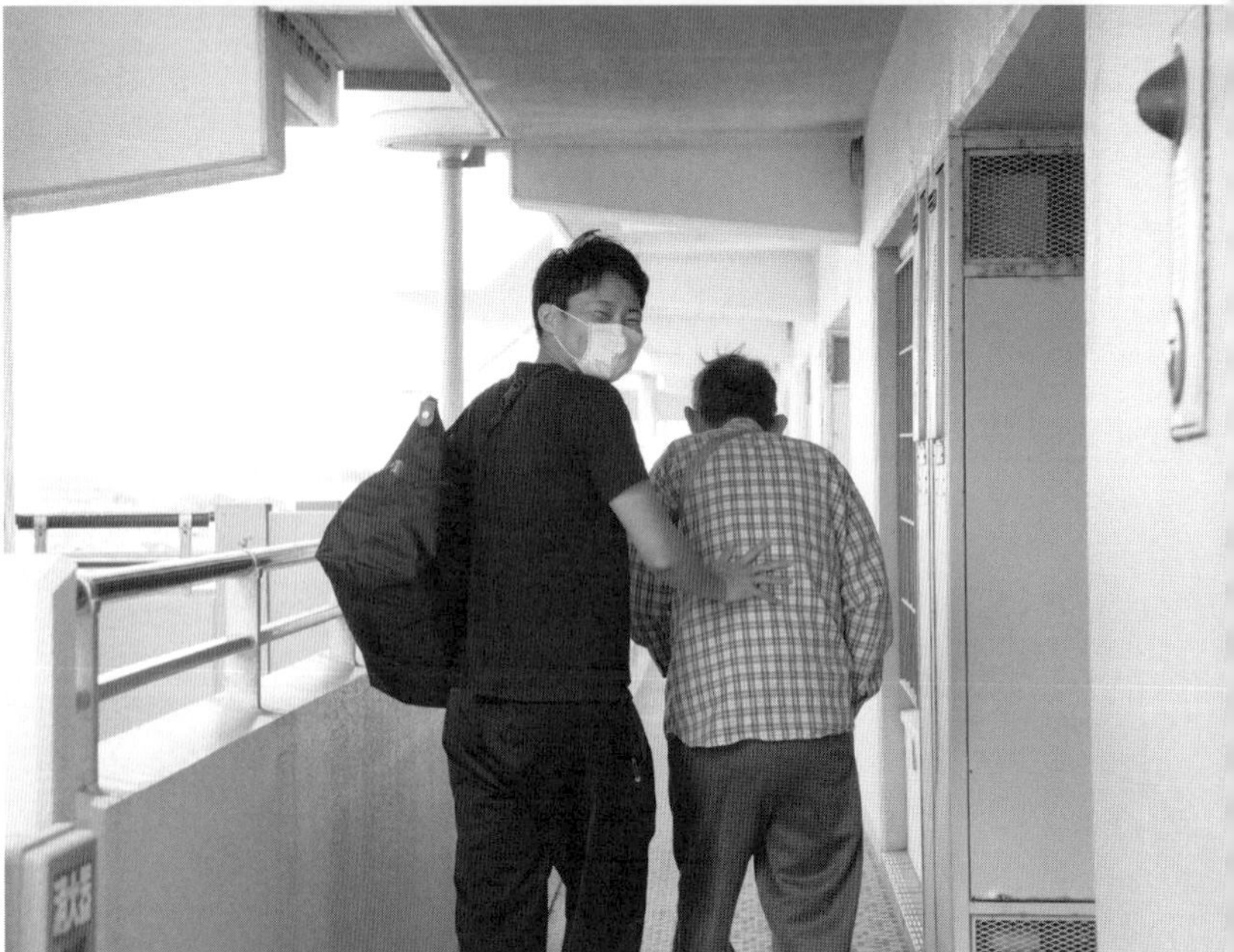

どのような介護施設なのか楽しみにしながら、事務室がある団地の7階にお邪魔する。株式会社ぐるんとびー代表取締役の菅原健介《すがはらけんすけ》さんと事務長である奥さまの有紀子《ゆきこ》さんが、明るい笑顔で迎えてくださった。

ぐるんとびーの菅原さんといえば、高齢の利用者男性に深夜、ラーメンを食べさせた動画が炎上したことでご存知の方もいるかもしれない。炎上した動画はTwitterとTikTokで100万回以上も再生されている。

もしや注目されることを見込んでの確信犯だったのだろうか？

「いやいや、それはないです。あれだけ炎上してボロボロに叩かれましたから、僕だって傷つきましたよ。でも、どうすれば動画が何十万回も再生されるのか、あの炎上のおかげでよくわかりました。いろいろと試したので50万回再生される動画はつくろうと思えばつくれます。でも、もう飽きちゃったんですけどね。飽き性なので」と、いきなりやんちゃな発言が飛び出す。

炎上した動画とは、ぐるんとびーを利用する96歳の「角《かく》さん」が主人公。肺炎のため半年間流動食だった入院生活から退院後、元々飲み食いが大好きでカツ丼やラーメンに強い関心を示す角さんの生きる気力を大事にしようと、医師とスタッフで話し合いながら徐々に食べる練習を重ねていった。その結果が、本人が希望する「夜中3時半のラーメン」に至ったのだ。

「日本人はすぐジャッジしたがりますが、正しいか正しくないかを問いたかったわけじゃないんですよ。僕はただ、こういうことに喜びを感じる96歳もいるんだよと伝えたかっただけなんです」

デンマークで体感した対話で多様な価値観を認める文化

菅原さんは「僕らは住民活動をやっているので」と言い切る。

「僕たちは介護サービスをやっているわけではなく、社会を変えようとしています。地域のインフラを整えながら福祉に落とし込んで、みんながほどほどの幸せを感じられるモデルをつくっていこうとしているんです。収益がなければ僕たちも生活できませんから、一番使いやすいと思った小多機で事業をやっていますが、福祉事業はあくまでツールの一部なんですよね」

このような発想は、中学高校時代の菅原さんが「幸福度世界一」と言われ「国民全員が当たり前のように福祉的な視点を持っている」、福祉先進国デンマークで過ごした影響が大きい。デンマークでは対話を繰り返すことによって、多様な価値観や考え方を認め合い尊重する文化がある。選択肢も正解もたくさんあって一つではなく、自分で考えて自分の行動を選択する。「ぐるんとびー」の名称もデンマークの民主主義に大きな影響を与えたN.F.S.グルントヴィの名前からいただいた。

菅原少年がデンマークで担任の先生から「セレモニーがあるから正装をしてくるように」と言われた日、ジャージ姿で登校して来た生徒がいた。不思議に思って理由を尋ねると、「僕はこのジャージが好きだから、これがいいんだ」。その生徒を非難する人もいなかった。「正しいことを固定化しないで、その人らしさを認めることも大切なんだ」と衝撃を受けた。

大学卒業後はインターネットの広告会社に就職、仕事を続けながら理学療法士の資格を4年かけて取得。ヨーロッパやケニア奥地の放浪も経験する。その後2年間、病院で理学療法士として働き、東日本大震災直後に被災地で支援コーディネーターを7ヶ月間務めるが、そこで様々な問題を感じる。

「例えば現場では、高齢者はここ、子どもはここと分断されて連携できなくて、結局みんな指示待ち。横断的にケアができないんです。必要なのは専門性よりも〝なんでも相談できる拠点〟でした。また、この避難所にいる1800人全員に配れなければ不公平だからと、500個あったおにぎりが全部捨てられるなんてことがあって。そんなバカなと自主的に配り始めると怒られて。枠組みがない中、自己責任で判断できる人材が必要だと思ったんです」

いざという時に助け合える縦横斜めの関係性を築く地域づくりの必要性、そこには専門性以前に大事なものがあると菅原さんは気づく。

本人の「やりたい」を最大限に尊重して寄り添う

散歩に出ていた人たちが団地に戻ってきたと連絡が入り、菅原さんと一緒に1階に降りていく。公園から帰ってきた高齢の女性たちとスタッフが車から降り、エレベーターで612号室のぐるんとびーの部屋に入っていく。同じ利用者でありながら、歩きづらそうにしている女性を支えている人がいる。できることを利用者同士でフォローするのだ。こんな姿はなかなか他の高齢者施設で見られない。スタッフに「利用者は全員ケアを受ける立場という固定観念」があるからだろう。

小規模多機能ホーム
ぐるんとびー
ぐるんとびー駒寄
地域を
ぐるんと結ぶ
にお立ち寄りください!

玄関に入ると左右に部屋が分かれ、真ん中の壁を隔てて二世帯で住める設計になっている。左側の部屋に入っていくと、リビングで陽を浴びながらテーブルに座り、お喋りしたり手を動かしたりしながら7、8人の人たちが過ごしている。照明器具やソファ、小物などは北欧風のインテリアでまとめられ、人が集まる誰かのおうちに遊びにきたような感覚になる。

この日はみんなで、ご近所からいただいた紫蘇の枝から実をこそぎ落としていた。そばでソファに座って自分の荷物をまとめている男性もいる。

スタッフの人たちは台所で調理の準備をしたり、紫蘇の枝を渡しながら話し相手をしたり、団地内の利用者にご飯を届けにいく人もいて、皆さん賑やかに動いている。

ここでは要介護であっても「自分で料理をしたい」と言う人がいれば調理をしてもらう。「句会に出かけたい」と言う人がいればスタッフが付き添って一緒に参加する。要介護5（最も重度の介護度）の車椅子の人でも畑に出かける。もちろん、体調が優れない人はベッドで横になって様子をみる。

団地の子どもたちが遊びに来て、ベッドにいるおばあちゃんと話をしていることもある。団地の人は誰でも出入り自由。不登校の子が遊びに来たり、ひとり親の子どもがこの部屋でお母さんの帰りを待つこともある。

ここでは、本人の「やりたい」を最大限に尊重して寄り添う。これも菅原さんがデンマークで学び、ぐるんとびーの理念ともしている大事なこと。利用者もスタッフも子どもも枠はなく、できることで貢献し合うことが当たり前になっている。

「高齢者も障がい者もそうですが、できないことばかりに目を向けてしまうと、助けられるのが当たり前になってしまって、〝できない人〟がつくり上げられてしまうわけです。得意なことやできることに目を向けて役割を持ってもらえばいいんです。要介護度が下がる人もけっこういますよ」

部屋にいた若い男性スタッフに声をかけてみると、ぐるんとびーで働きたいと岐阜県からやって来たという理学療法士だった。

「菅原さんのTwitterの発言って、いつもすごく刺激的で理学療法士界では有名なんです。僕も影響を受けてこういう所で働きたいと思って連絡しました。今は利用者の方とこの団地の一室をシェアして住んでいます」と言う。しばらくすると同居する高齢の男性の背中を支えながら荷物を持ち、笑顔で玄関を出て共同生活の部屋へ戻っていった。

ぐるんとびーではTwitterとFacebookだけで、1年間に求人エントリーが270人も集まったそうだ。看護師には70人の応募があったという。その中で採用されたのは6人なので超難関。あまたの介護施設は慢性的な人手不足で困っているというのに。

菅原さん曰く、「〝正しさ〟が固定化されていないと不安になる人は、他の病院や訪問看護ステーションを勧めます。看護師が100人いても、その不確実さに耐えられる人はその中で一人くらいだと思います。だって、医療の世界には必ず正解があるんですよ。先輩看護師や医師に〝これで正解ですか？〟と常に聞きながら〝それで合ってるよ〟と言われ続けることがルーティンになっている。でも〝暮らし〟は真逆で、利用者本人にとって何が正解かわからない中で、毎日スタッフと対話を繰り返し、自分で考え続けなきゃならないんですから、しんどいですよ」

ディープな対話はスタッフ間で日々繰り返され、性的な課題からも目を逸らさず赤裸々に語り合う。一緒に働くスタッフへの行動指針を明確に、利用者一人ひとりの「最適解」を探る。菅原さんは、デンマーク語で「Menneskesyn（メネスカシュン）」という、日本にはない考え方が必要だとしている。直訳すると「人間視＝人が他人を見る時の視点」。相手の「肉体」や「精神」だけでなく、社会の中での役割や文化的な営みまで対話で引き出そうとするものだ。

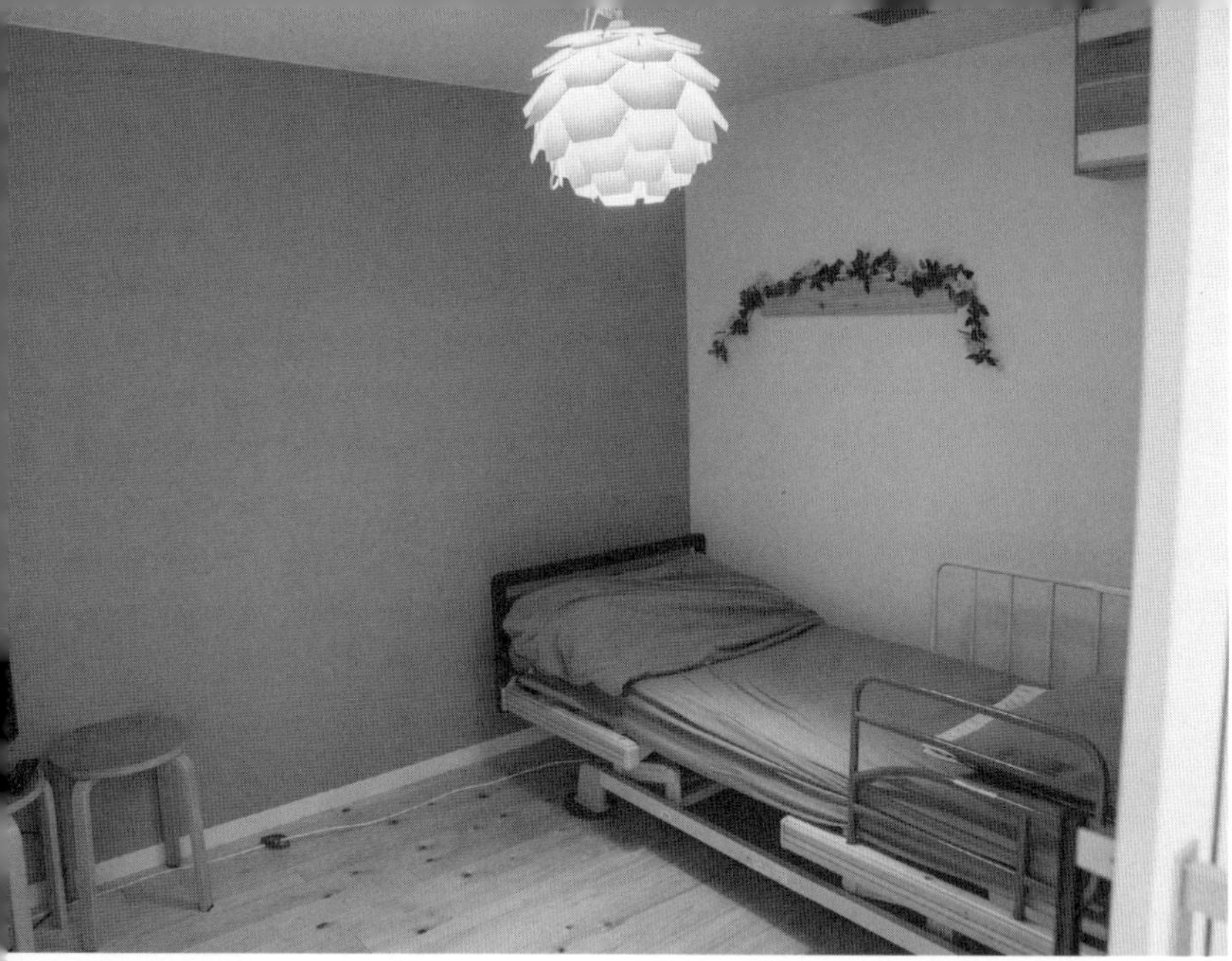

居宅介護

この利用者に対する「社会」「文化」へのアプローチこそが、作業療法士が専門性を発揮できる領域なのだという。身体機能の回復を目指す基本動作のリハビリを行う理学療法士に対して、作業療法士は日常生活の動作や趣味を続けられるような細かい応用動作のリハビリに加え、メンタル面のケアも行うためだ。

専門性が発揮されるのは関係性づくりの土台があってこそ

被災地支援から戻った菅原さんは、藤沢市で訪問看護を中心とした小多機を始めるが、そこで専門性を盾に主張を変えない医療職メンバーとぶつかってしまう。

一人の末期がんの男性が「死んでもいいからプールに行かせてくれ」と懇願した。「どうせ死が近いのなら、病院に閉じ込められているより好きなプールに行きたい」と、本人には最後の大切な願いだった。菅原さんは医療職メンバーに反対される中、親しい在宅医と家族と相談しながらプールでサポートし、その願いを実現させる。男性は「嬉しかったよ、ありがとう」と喜んで、穏やかに息を引き取られたそうだ。

たとえどんなに優れた専門性を持っていても、それ以前に利用者の生き方（文化）に対してのリスペクトがなければ、本心を引き出す対話は成立しないし、関係性を築くこともできない。つまり専門性を発揮することはできないのだと、菅原さんは痛感した。

そして「団地で介護サービスをやろう」と決断する。自己責任で横断的なケアができる新たな仕組みにするには、団地の集合住宅であれば一つの共同体として避難所にもなり得る。また、家賃を払う利用者と、家賃を払わない代わりに利用者の生活をサポートする若者やシングルマザーとが住まいをシェアするマッチングができれば、生活上足りない部分を補うことができる。それが実現できれば、小多機のサービスを使って介護保険予算の中で丸ごと人生を支えることができるのではと菅原さんは考えたのだ。

建物内で移動がスムーズな集合住宅は介護施設に向いていると思われるが、団地の管理会社が高齢者サービスなど命に関わるリスクがあることには手を出さない。団地で介護施設の開設が難しい理由はそのためだ。

団地がある藤沢市大庭地区の高齢者率を調べると市内で最も高く、さらに団地内の高齢化は70％を超えていたが、地区内に小多機が一つもない。行政としても何らかの手を打ちたい地域だった。市長から団地の管理会社宛に小多機ホームを設置する要望を「依頼書」として提出してもらいながら、実現に向かった。

2015年、菅原さんは日本でまだ誰もできなかった団地内の一室で小多機を開所。家族と一緒に同じ団地に引っ越した。

その時、菅原さんの母・由美《ゆみ》さんからは「これからは医療の時代なのに今から介護事業だなんて」と猛反対されたそうだ。由美さんは看護師を災害地などに派遣するNPO法人キャンナスを立ち上げ、日本最大規模に育てた理事長であり看護師でもある。

「母は革命家ですね。ある意味看護師としても日本一だろうと思ってます。僕が小学生の頃、熱が38~39度あっても母親に、〝あら、熱があるから学校休むの？　学校に行ったら元気になることだってあるわよ。自分で決めなさい〟って言われましたから。一般的な看護師ならそんなこと言いませんよね。うちの母、ちょっとおかしかったんです」

デンマークに行く前から、すでに自ら考え選択する家庭教育を受けていたようだ。

生活から死を遠ざけず地域のつながりを命のつながりにまで

団地のエレベーターを降りて、道路を挟んだマンションの1階に案内してもらう。集合住宅の1階のテナントを利用した看護小規模多機能型居宅介護事業所（以下、看多機）と、訪問看護

ステーションがある。

入り口前の植え込みの所で、スタッフと一緒に利用者の人が嬉しそうにプランターに花の苗を植えている。

看多機とは、小多機に看護師がついて医療ケアを施すことができる介護サービスになる。

中に入ると、地域の子どもたちが遊べるようにと、畳スペースと壁にはカラフルなボルダリングウォールがある。広いリビングカフェのスペースのソファに男性の利用者が座ってTVを観ている。「ここの居心地はいかがですか？」と聞くと「ああ最高だよー、家に帰りたくないね。ここは食べるものも美味しいし、みんな優しいし、ああ最高だよー」とそのそばから、スタッフお手製の美味しそうなおやつが出てきた。

棚にお酒のボトルもたくさん並んでいる。夜にはここに地域の人たちが立ち寄って話していったり、コロナ禍で休止したが、時には宴会になることもあるそうだ。

「地域のつながりを命のつながりにって、暮らしの中に葬儀が当たり前にある地域社会を目指したい。ただ、今でもマンションの住民から葬儀をやるのかと抗議が来て総会の議題にあがっています。あまりに死というものが生活から遠ざけられてしまっていて、おかしいですよね。生前に好きだったレストランやホテルで、故人はこの一皿が大好きだったので皆さんどうぞ、なんて葬儀があったっていいのにって思いませんか。音楽好きだったらフジロックでミュージシャン呼んで、みんなで歌って、入場料取って、そういうロックな葬儀があってもいいのに。嫌な人は参加しなければいいんですから、そういう人もいるんだと認めてあげればいいだけです。あと、藤沢市内で障がい者支援をしている〝さんわーく かぐや〟(P.18参照)さんなんかと、まちづくりをやりたいですね。介護や障がいの制度を利用して、みんなで働く福祉施設のマクドナルドとか。子ども食堂も大切ですが、ファストフード的な誰にとっても敷居が高くない場所は、セーフティネットになる可能性があると思うんです」

菅原さんが地域でやりたいアイデアは尽きないようだ。しかも全て「あったらいいのに」と納得できることばかり。「利用者本人が幸せであるか」の軸がぶれなければ、福祉サービスはちゃんと本人の幸せに向かって加速させることができるのだと希望が湧く。ぐるんとびーが日本の福祉界の中でどこまでどう進化していくかが楽しみだ。

今、菅原さんの3人のお子さんのうち、小学生の2人が学校に行きたがらないという。中学生の長男は「学校は『ぐるんとびー』じゃないんだよ。先生の言うことに従わなくちゃいけないし、新しいことを言うと友達がびっくりしちゃうから、合わせなきゃダメなんだよ」と言い聞かせていたそうだ。そんなお兄ちゃんも、高校からはデンマークに行きたいと希望しているらしい。

今は日本の学校を息苦しく感じているお子さんたちも、成長して振り返った時、ぐるんとびーという大切な学校があってよかったと言える気がする。また「革命家」のおばあちゃんやお父さんを見て育ち、次の世代の「革命」につながっていく可能性だってあるかもしれない。

五頭山麓の湧水と
越後杉から生まれるやさしい化粧品

特定非営利活動法人
あおぞら

［新潟県新潟市／阿賀野市］

五頭山の深い緑に囲まれたラベンダー畑とオーガニックコスメ工房

ＪＲ新潟駅南口から車で市街地を抜け、道路の両側に広がる緑や民家を眺めながら、白鳥が飛来するという人造湖の瓢湖《ひょうこ》を過ぎる約40分の道のり。五頭山《ごずさん》の山麓にある「あおぞらソラシード（以下、あおぞら）」まで、特定非営利活動法人あおぞら理事長の本多佳美《ほんだよしみ》さんの運転で連れてきてもらった。

「あおぞらソラシード」という愛らしい響きの名称には、「ソラ（空）」「シード（種）」「ド（土）」

「ソラシド（上がっていく）」という、命の循環と可能性への想いが込められているという。

五頭山周辺は林野庁の「森林浴の森日本100選」に選ばれ、近くには五頭温泉郷があり、キャンプ場も点在している。周辺の五頭連峰は一年中登山客で賑わう。そんな豊かな緑に囲まれた敷地にある「あおぞらソラシード」では、豊富に湧き出る五頭山天然水や越後《えちご》杉、ハーブなどを使ったオーガニック化粧品の製造と、キャンプやストーブで使うペレットなどの自然エネルギー資材の製造、農園作業に取り組んでいる。障がいのあるメンバー約30名が通う就労継続支援B型事業所（P.40参照）である。

元は着物の展示会場だったという平屋建ての建物入口を入ると、向かい側にある大きなガラス窓越しにラベンダー農園が見える。数人が帽子をかぶってタオルを首に巻き、腰をかがめながらラベンダーをせっせと摘み取っている。

「昨日まで雨だったんですけど、雨が上がって暑くなったから絶好の農作業日和ですね」

建物の中へ案内してくれる本多さんを待ち構えていたかのように、「ねえねえ……あのね」と、玄関に立っていた背の高い青年が話しかけてきた。作業の途中で抜け出してきたのか、白衣と帽子をかぶったままの姿。本多さんは「うんうん、どうしたの？」と向かい合って話し相手を始める。

本多さんに一通り話して気がすんだ様子で笑顔になると、「こっち、こっちだよ」と手招きして化粧品製造の部屋に案内してくれた。「はいはい、じゃあ、彼が案内してくれるので、行きましょうか」と、本多さんと奥に向かう。入り口から建物の右側半分は化粧品の小さな工場として改装されており、福祉施設ながらも新潟県で初めての化粧品製造業許可を取得している。ここで働くメンバーの人たちは、各部屋に入る前に白衣と帽子、マスクを身につけ、コンプレッサーを使って準備を整える。中の製造室では、化粧品の生産が可能だ。厳しい基準をクリアして、小さな一事業所からオーガニック化粧品の製造を展開できるようになった障害者施設は、全国でもとても珍しい。

求められてつくる喜びが全てのメンバーの意欲につながる

ガラス張りの製造室は、手前に小さな小瓶がたくさん並ぶ「試作室」。その隣にある「製造室」では、数人のメンバーがうつむいて黙々と化粧品材料の計量や瓶詰めの作業をしている。そのまた隣の部屋のドアを開けると、小さな「作業室」で2名のメンバーが座りながら箱に小瓶

since 2012
5
sorashi-do
特定非営利活動法人
あおぞら

を入れる作業をしている。そして、もう一つの部屋は「蒸留室」。銅色の鈍い光を放つ管楽器にも似た形の抽出機を使い、越後杉のおがくずを詰めて湧水の蒸気を当て、オリジナルのリネンウォーター「熊と森の水」が抽出される。

私が訪問する数日前、奈良県からオーガニックコスメの化粧品会社、株式会社クレコス（以下、クレコス）の暮部恵子《くれべけいこ》会長と、ご子息である社長の暮部達夫《くれべたつお》さんが訪れたという。お二人の来訪にメンバーの人たちは大喜びだったそうだ。この暮部社長が「熊と森の水」をつくるきっかけとなり、化粧品製造に導いた立役者、事業を協業するパートナーでもある。

本多さん曰く、「ちょうど今、有名なアーティストの方の商品をつくらせていただいているんです。この前、ご本人から励ましの言葉をいただいて、スタッフやメンバーと良かったねー！って喜んでいたところです。みんなのモチベーションが上がるし、こういうお仕事をいただけることが本当にありがたいです」

働くメンバーの人たちは、誰のためのどんな商品を自分たちが製造しているのかをよくわかっている。暮部さんが窓口となってオーガニックコスメのＯＥＭ製造の企画や営業を担当して、あおぞらに製造を委託。そしてここを訪れメンバーの指導もしてくれる。

メンバーの人たちに「お仕事は楽しいですか?」と尋ねると、明るい顔つきで「楽しいです。最初は覚えるのが難しくて大変だったけど、頑張って覚えました」「仕事は好きです。頑張っています」「もっと仕事ができるように頑張りたいです」と、口々に向上心いっぱいの返事が返ってくる。

ものづくりはできても、営業や企画、また民間企業と肩を並べるまでに専門性を高めたり、許認可申請などの手続きができずに諦めてしまう施設はとても多い。このようにパートナーがいて協業できる継続的な仕事があり、かつ信頼関係を継続できているのは素晴らしい。

あおぞら発、リネンウォーター「熊と森の水」の開発物語

あおぞらでオーガニックコスメの製造を始めたのは、東日本大震災の直後、下請け仕事の激減がきっかけだった。かねてから「障がいのある人たちにも働く力はある。福祉の業界から社会に飛び出したい」との思いがあった本多さんは、下請けでなく自主事業を見つけようと、近くの障害者施設の知人と一緒に訪問した先が、クレコスの新潟直営店だった。その際に下請け

作業で手元にあった越後杉の端材を持っていった。「この杉の木で石鹸箱をつくらせていただくのはいかがでしょう」と本多さんが提案したところ、暮部さんから「端材がたくさんあるのなら、蒸留してリネンウォーターにしたら面白いかも」とアイデアをもらった。クレコスは天然植物を蒸留する高い技術を持っていた。

その日のうち、本多さんは奈良県のクレコス本社に杉のおがくずを発送して試作をお願いする。試験蒸留をした暮部さんも杉の香りと抗菌力に商品化の可能性を感じたのだ。試作を受け取った新潟で本多さんとスタッフは香りを確かめ、「蒸留器を購入すれば自主生産できるよね」と当時の理事長に確認を取り、あおぞら自前で50万円の蒸留器を購入。暮部さんから「メーカーになる覚悟はあるの?」と訊かれ、「はい! あります」と答えたことでスイッチが入った本多さん。広い土地でいつか事業所を開きたいと貯めてきた法人の自己資金と銀行からの借入金で、現在のあおぞらソラシードの土地購入に踏み切ったのだ。

「実はメーカーになるって意味もよくわからなかったんですけど(笑)、福祉施設だからできませんって断るのは、どうしても悔しくて」

その日から本多さんは、毎日のように暮部さんに電話やメールで質問を投げかけていったという。その全てに答えた暮部さんは、必然的にアドバイザーからプロダクト・マネージャーとなって、あおぞらに毎月1週間は指導に出向くようになった。クレコスでも福祉との協業を求めていた。

越後杉と名水・五頭山の湧水を使ったリネンウォーターのブランディングは、同じ新潟市内で商店街の活性化やアートの日常をテーマに商品開発をプロデュースしていたhickory03travellers（ヒッコリースリートラベラーズ）のデザイナー迫《さこ》一成《かずなり》さんが担当することになった。暮部さんが地元デザイナーを探して白羽の矢を立てた迫さんは、偶然、本多さんと同じ大学の出身で知り合いでもあった。

迫さんは「本多さんが福祉の現場から日本や社会を変えたいと言っていたので、面白そうだからお手伝いしたいなと思ったんです」と言う。大学卒業後に絵本づくりを学んだ迫さんは、ほのぼのとしたやさしいイラストを描く。コンセプト会議を重ね、あおぞらスタッフの希望を迫さんが聞きながら描いた、「熊と森の水」のパッケージロゴマークと「かわいい、たのしい、やさしい。」のキャッチフレーズは、そのまま絵本にもなりそうだ。

おかげさまで
4周年
CHOCOLATE
おかげさまで
4周年

「熊と森の水」が商品デビューしたのは2013年、東京ビッグサイトで開かれたギフトショーだった。偶然、私もその時、すぐ近くのブースで複数の障害者施設の人たちと展示に参加していた。その前から「新潟の施設は元気だよ」と評判だったが、本多さんたちが新潟の障害者施設のコラボブランド「special mix（スペシャルミックス）」として出展していたブースは、圧倒的な魅力とオーラを放っていた。

小さな福祉施設が「メーカーになります」と宣言して、市場に出せる商品レベルに仕上げるのは、ほかの施設から見れば「無謀」かもしれない。本多さんの偉大な推進力はもちろん、暮部さんや迫さんをはじめ、志ある民間企業やクリエイターがプロジェクトチームとして一丸となって真剣に取り組んだ成果だと思う。

「あの子たちは鏡」教育実習先での言葉を実感した原体験

車で送ってもらう移動中、前例のないことでも迷わず突破していける本多さんの原動力と原体験とも思える、印象深いお話を聞かせてもらった。

本多さんが教育を学んでいた大学時代、大学附属養護学校に教育実習に行った時のこと。実習で担当したのは小学4年生の自閉症の女の子だったという。

「担任の先生から、その女の子を見るように言われたんですけど、こだわりが強く知らない人に全く懐かない子で、私が近づくと逃げてしまうんですね。キャスター付きの椅子が好きで、ずっとそれで遊んでいて授業に参加できない状態が一週間以上も続いちゃって。いろいろ試しても全部拒否されて、悩みながらもどうしたらいいか全くわからなかったんですよ」

その女の子がある日突然、教室から走って外へ飛び出していってしまう。本多さんは驚いて後を追いかけ、バス通りを走り抜けながらも女の子が無事だったところで捕まえて抱きしめ、安堵感からボロボロと泣き出してしまった。

「ああ、無事で良かった！って心から安心して涙が出ちゃったんですけど、その時、どうしたら言うことを聞いてくれるかとか、授業に出させなくちゃとか、自分の中で余計な考えは全て削ぎ落とされて、とにかく無事でいてって気持ちだけだったんです」

その夜、本多さんは知恵熱を出しながら夢を見た。

「夢の中で、その女の子がかわいい服を着て嬉しそうに電車に乗る様子を、私が駅のホームの陰から見守っていたんです。ああ、良かった、自分で歩いて電車に乗れるようになったんだって、とっても嬉しい気持ちになって、朝、目が覚めて彼女にすごく会いたくなったんです」

翌日、実習先の教室へ行くと、女の子の方から本多さんに近づいてきてくれた。それもごく自然に。

「本当に急に寄ってきてくれて、その子の体の緊張も何となくほぐれて動けるようになっていたんです。その時、今までに感じたことがないくらい、ものすごく嬉しくて。充実感というか幸福感で心が満たされて、ああ、これだ！　人間として一番大切なことって、これだよー！って自分の中で腑に落ちたんです。しっかりと思いを寄せていけば、心が通って返してくれる。担任の先生が実習の初めに、〝あの子たちは鏡だからね〟と言っていたんですが、〝このことだったのか〟と思いました」

「自分が一番大切にしたいもの」を本多さんが掴み取った瞬間だった。

担任の先生からは「よくやったなあ」と驚かれ、女の子の母親からは「何人も実習生の先生がきましたが、この子は毎回、緊張して打ち解けることができなかったんですよ。本多さんが初めてです」と言われた。

その日から価値観が大きく変わってしまった本多さん。それまで周囲の女子大生と何気なく話していたおしゃれや化粧、流行の話題もすっかり色褪せて感じられ、自分の上辺を取り繕おうとするものに感じられてしまった。衝撃的な教育実習を終えてから大学の日常生活に馴染むまで、1、2週間かかったという。

「きっと私、おばあちゃんになったら、縁側に座りながらこういう障がいのある子たちに囲まれて笑顔で過ごしているなと思ったんです」

おばあちゃんになった時の幸せそうな姿まで思い浮かび、本多さんは自分が歩んでいく道を決めた。

27歳で施設長に、楽しく働き暮らす施設と地域づくりにまっしぐら

大学卒業後、本多さんはいろんな子どもたちと接する経験を積もうと学校相談員になるが、翌年、障がい者が働く小さな施設に誘われる。

「おばあちゃんになる頃にと思っていたので時期はだいぶ早いけれど、いいかな」と転職。と

ころが、その施設は運営トラブルから閉鎖されてしまう。

施設を利用していた障がいのあるメンバーたちが行き先をなくし、なんとかしてほしいと頼まれ、当時、施設で農園ボランティアをしていた近藤康市《こんどうこういち》さんと本多さんの二人で「障がいのある人たちが楽しく働ける施設を立ち上げますので」と協力者に頭を下げながら、ようやく立て直しを図る。

ところが今度は、懇願していた保護者たちが「働くよりも居場所になる施設がいい」と離れていってしまう。再び残された障がいのあるメンバーのために新メンバーを必死で集めて新施設開所にこぎつけ、本多さんが施設長に就任したのは27歳の時だった。

理事長となった近藤さんは父親ほど歳が離れていたが、二人で毎日のようにどんな施設にしていきたいか夢を語りながら、二人三脚で走り続けてきた。近藤さんは厳しい時もありながら「メンバーのためになることだけ考えてくれたら、あとは好きなようにやればいい」と、全幅の信頼を寄せて自由にやらせてくれた。本多さんとしても、近藤さんが施設外で働く現場を手配準備してくれていたので、やりたいことに注力できたと言う。

２０１７年、近藤さんが亡くなられてからは、本多さんが理事長に就任している。

「近藤さんが本当に素晴らしい方だったので、私一人になってどうしたらいいか、しばらくは途方にくれました。苦手な現場づくりを自分でやらないとならなくて、若手の育成もしていますが難しいですよね。いまだに試行錯誤してます」

本多さんの車で、元温泉施設を丸ごと提供してもらって開設した生活介護施設「熊と森の湯」と、上古町商店街(新潟市)にある就労継続支援B型のチョコレート専門店「久遠チョコレート新潟」、そして、同じ商店街にある、あおぞらのデザインやイラスト担当の迫さんのお店にも連れていってもらった。

車で案内してもらう間、何度も本多さんの携帯電話に着信が入った。その度に本多さんは携帯の向こう側の相手に、丁寧かつ真剣に話をしていた。車を神社の駐車場に停めて20分ほど話し込むこともあった。

「すみません、何度も電話ばっかりかかってきて。ちょうど今、行政の新しい担当者にどうしてもわかってほしいことがあって、ちゃんと説明しないといけないなと思っていて」と、電話の内容について話してくれた。私としては、お忙しい中で案内いただくのが申し訳ない気持ちだった。と同時に、障がいのあるメンバーにも、スタッフにも、電話の相手にも、「あとでまた」とは濁さず、まっすぐ誠実に話す本多さんの姿を見て、日々の出来事一つひとつに手を抜かず、真剣に向き合うことの連続で相手を動かし、着実に物事を前に進めていく人なのだと感じられた。

ここ数年、本多さんは地域の異業種の人たちと学習会や交流会を開き、福祉で地域を楽しくする活動に取り組んでいる。ご自身が思い描く「障がいのある人たちが、楽しく働き、楽しく暮らす」ことが実現できる地域づくりに向かって突き進んでいる。

きっと、おばあちゃんになる頃には、本多さんを慕うたくさんの人たちに囲まれて笑顔で過ごしていることだろう。そして「新潟の福祉は、本多さんが引っ張ってきてくれたから、こうして楽しく働き、暮らすことができるんだよね」と、言われている気がする。

高度経済成長を担った福祉工場から
多様性と調和のいのちの森づくりへ

株式会社 研《けん》進《しん》／社会福祉法人 進《しん》和《わ》学《がく》園《えん》

［神奈川県平塚市］

富士山を望む高台にあるブルーベリー畑と自動車部品工場

小田急線の鶴巻温泉《つるまきおんせん》駅で下車して、駅前ロータリーまで歩く。駅の北側には、丹沢の麓、かつて東京の奥座敷として発展した鶴巻温泉郷がある。温泉郷にある陣屋旅館では、将棋や囲碁の名人戦、竜王戦などのタイトル戦が数多く行われ、宮崎駿監督が子どもの頃にここで過ごしたという「トトロの木」と呼ばれる大きな木がある。

鶴巻温泉郷と反対側の南口に出て、迎えに来てくださった株式会社研進（以下、研進）の代表、出縄貴史《いでなわたかし》さんと、車で20分ほどの社会福祉法人進和学園（以下、進和学園）に向かう。

出縄さんには、これまでに何度も視察会や研修、講座などをお願いして、案内や講師をしていただいている。この日は、遠方の福祉施設の方からオンラインでの視察見学の依頼があり、進和学園内にある本田技研工業株式会社（以下、ホンダ）の車部品組立を請け負う福祉工場である「しんわルネッサンス」で、動画撮影を通して、出縄さんに説明案内をお願いしていた。

車が進和学園に近づくと、上りのカーブが続き、周辺は高台の畑が広がる景色に変わる。頂上の建物前で車を降りると、空に囲まれ思わず深呼吸がしたくなる清々しさだ。お天気の良い日は正面に富士山が鮮やかに見える。

「さあ、どうぞこちらへ。ああ、もう施設の方たちがいらしてブルーベリー摘みを始めていますね」と案内してくれたのは、進和学園の敷地内にあるブルーベリー畑。麦わら帽子をかぶった人たちがブルーベリーを摘んでいる。収穫期になると、こうして近くの福祉施設の障がいのある人たちが仕事としてお手伝いに来る。観光農園として収穫体験も行っているので、一般の人でも予約をすれば利用できる。

「よかったら、つまんでみてください」と勧めていただき、ブルーベリーを口に入れると、紫の新鮮な粒が口の中でぷちっと甘酸っぱく弾ける。ブルーベリー畑の隣には竹林が広がり、大きな真竹が生えている。以前、私が手掛けた障がいのある人たちと制作する「千鳥うちわ」(P.65参照)の竹骨の材料として、節が長くて太い真竹を探していた時、ここで伐採させていただいたことがある。

建物に入り、エントランスに展示されているお土産品やパネルを見ながら、廊下を歩いて工場へと向かう。

知的障がいのある子どもたちの施設から先駆的な福祉工場の誕生

進和学園では、現在18カ所で、保育園などの子育て支援、障がいのある人たちの就労支援、高齢者のケアをする施設を運営。車部品組立工場、苗木と森づくり、地元スーパーでの施設外就労、ベーカリー工房、ジュース加工工房、原木しいたけ栽培など、多岐にわたり障がいのある人たちの働く場を提供している。出縄さんが窓口となって、企業の障害者雇用の枠組みを柔軟に広げようと国に政策提案をする、福祉界のリーダー的な存在でもある。

がんばれ
ホンダ
The Power of Dreams
出荷
1-2
1-4
1-5
本田技研

元々は戦後復興期の1958年、出縄さんのお父様のご実家だった家を開放して、知的障がいのある子どもたち30名を受け入れる寺子屋的な施設「進和学園」を、出縄さんの叔父・明《あきら》さんが開設。これは、後ろ盾のない民間人が始めた神奈川県内初の知的障がい児入所施設だった。その子どもたちの成長と共に働く場が必要となり、1974年には「進和職業センター」として、ホンダ自動車部品組立の授産施設（P.57参照）と、働く人たちのための入所生活棟を立ち上げ、120名の障がいがある成人が働く施設へと転換した。

出縄さんの父・光貴《こうき》さんがホンダに勤務していたことをきっかけに、懸け橋となって尽力をされ、組み立て加工の仕事を請け負うことができたという。まだ障害者雇用など企業と障がいのある人との国の制度が整っていない時代、福祉施設と大手企業との直接契約が実現できたのは、画期的な出来事だった。

当時、ホンダ創業者である本田《ほんだ》宗一郎《そういちろう》氏が授産施設設立に賛同して、他の一般工場と分け隔てなく対等に発注をしたという。ホンダが障がい者への貢献をアピールすることも、全くなかったそうだ。

さらにその当時、進和学園の理事に元ソニー株式会社会長の井深大《いぶかまさる》氏が名を連ねており、国を通して大手銀行の寄付や行政・地域の大きな協力もあったそうだ。そのような、時代を切り開いた民間企業の力ある人たちの協力も得て、先駆的な授産事業が誕生した。

進和職業センターの設立にあたり、製造部門と営業部門との役割を分け、本田技研工業の「研」と進和学園の「進」を合わせ、営業窓口となる株式会社研進を設立。光貴さんが代表取締役を務めた。その後、現在の工場となる「しんわルネッサンス」への移転準備中の2005年、息子の出縄さんが27年間勤務していた会社を退職して、光貴さんの後を継がれた。

多様な人たちが同じ工場内で働きながらノーミスを続ける工夫

工場の中は、広々として天井が高い。入り口から奥に向かって複数の製造ラインがあり、多くの人たちは自分のポジションに立って同じ作業をしている。ホンダと同じ白色のユニフォームを着てテキパキと手を動かしながら、目が合うと「おはようございます」「こんにちは」と声をかけてくれる。

一般工場と同様に納品していくには、当然「福祉だから」なんて甘えは通用しないし、ミスも許されなければ、スピードも上げていかなくてはならない。
どのように品質を保ち続け、工夫をしてきているのか、工場内を歩きながら出縄さんにお話をしてもらう。

「私たちは、第三者機関からの厳しい審査を受けて取得する『ＩＳＯ ９００１認証』を、知的障がい者の福祉工場としては日本で初めて２００７年に受けています。その後も毎年認証審査を経て更新を続け、80ヶ月(6年8ヶ月)連続でミスがゼロという記録もあります。本当に皆さんの働く意欲と集中力が素晴らしくて、私なんかが手伝いに入る余地もありません。ミスは、職員が効率よく仕事をこなそうと手順を省略した時に起こることがほとんどです」

ここでは、障がいの程度や作業の速さが違う人たちも混ざり合って働いている。個々の製造ラインにはチェックをする職員がいて、障がいのある人たちは、就職を目指す就労移行支援の利用者、就労継続支援A型とB型の利用者(P.40参照)が、それぞれ色違いの名札を首から下げ、各自に合う作業を受け持つ。人によって受け取る工賃も違う。

ちなみにこのしんわルネッサンスでは、就労継続支援A型で働く人たちの平均月収は、多い時で16万円程度、B型の人たちは5万円程度。全国平均よりかなり高い水準で、特にB型は全国平均の3倍近くの工賃が支払われている。

出縄さんは「公にすることが大切ですから」と、全事業の売り上げから原価、工賃の数字を公開している。

また、大勢の多様な人たちが混ざり合って働くには、職員の「見極め力」が大切になってくる。一人ひとりの特性を見極め、どの人が何の作業をするかを決め、ミスをなくす工夫が必要になる。細かい作業工程などを書き込んでクリアファイルにまとめ、職員間で共有されているという。もちろん、本人の希望や目標も訊きながら話し合っていく。

さらに、ハンディを補って作業をしやすくするため、オリジナルの「治工具《じこうぐ》」と呼ばれる補助器具をつくっている。専用の「治工具開発室」という小部屋で、元機械メーカーのエンジニアなど、部品組み立てに明るく経験豊富なOBを専門スタッフに迎え、どのような補助が必要か工夫を凝らす。

「ホンダさんにも、この治工具は非常に高く評価いただいてます」と出縄さんは言う。

例えば、「製造途中の部品を当てはめてみると、ミスがある部品がはまらないためチェックできる治工具」とか、「複数のサイズのネジを投入すると、サイズが分かれて下から出てくる治工具」とか、まるで知育玩具のような、見ているだけで楽しくなってしまう治工具がいくつもある。全てに解説を添えて並べたら、マニアックな展示室ができそうだ。地味だけれど治工具づくりのノウハウの蓄積は、工場の心臓部とも言えそうだ。これがなければ部品の組み立てが止まってしまうのだから。

工場を出て、階段を下りていくと、建物の地下1階には「湘南とまと工房」がある。ガラス張りの工房内で、調理用の白衣を着た人たちがジュースを搾り瓶に充填している。ここは、障がいのある人たちが働く農産品加工場としては初めて、農林水産省の「六次産業化・地産地消法」の総合化事業計画の認定を受けている。地域住民、農協、NPOが連携して、地元で収穫される規格外の捨てられてしまうトマトを「もったいないから活用しよう」と、濃厚な無添加トマトジュースに加工することになったのだ。立ち上げ時はご苦労もされている様子だったが、今では通販や百貨店などでも人気の商品になっている。

その隣には、先ほどの「治工具開発室」がある。扉の中は秘密の小さな工作室のような雰囲気だ。専門スタッフの男性2名が木工加工の機材に囲まれ、治工具づくりに勤しんでいる。

オンライン見学を終了し、メンバーの皆さんと一緒に給食をいただく。100人以上が座れる大きな食堂があり、厨房では障がいのあるスタッフも働いている。それまで、外部業者に委託していた昼食を、リーマンショック後に給食班を立ち上げ、障がいのある方たちの就労支援の場としたそうだ。給食を食べ終わると、それぞれ自由に休憩時間を過ごす。椅子に座ってまったりする人、中庭に向かってヘッドホンで音楽を聴き、リズムに合わせて身体を動かしながら歌っている人もいる。

自然界も人間社会も多様性は同じ「いのちの森づくりプロジェクト」

工場があるしんわルネッサンスの建物を出て、植樹用苗木づくりのビニールハウス「どんぐりハウス」「まじぇるハウス」へと車で向かった。

ビニールハウスでは、タブノキ、アラカシ、スダジイなど約80種類、7万本もの苗を栽培できる体制が整っている。担当者の加藤ナルミさんがメンバーの人たちと会話を交わしながら、苗木に水をあげたり、ポット苗づくりをしていた。また、金網（ウェーブメッシュパネル）のプランターに日本在来の植物を植え込み、身近に里山を楽しめるという「5×緑（ゴバイミドリ）の里山ユニットづくり」の請け負い仕事もしている。

この「いのちの森づくり」は、宮脇昭先生（横浜国大名誉教授）のご指導のもと、２００６年に福祉工場「しんわルネッサンス」にて、地域の子どもやお年寄りも招いて植樹祭を行ったことが契機となっている。直後のリーマンショックに伴い、自動車部品の仕事が激減する中、作業種の多角化を目指すこととなるが、その代表的な取り組みとして発展し、今では進和学園の看板プロジェクトとなっている。

「いのちの森づくり」プロジェクトは、福祉の枠を超え、環境、教育、企業と連携をしながら、時代の流れとも合って大きな輪へと広がり、２０２１年には、苗木の提供本数は累計30万本を超えた。

「いのちの森づくり」について、出縄さんはこう話す。

「宮脇先生が提唱する『潜在自然植生理論』に基づいて、人工林ではない、その土地本来の植生に合った木による本物の森づくりについて知ることとなりました。『自然の森は、いろいろな

本田技研
㈱研進

00000101KNG
タブノキ神奈川

種類が混ざり合っている。仲の良いものだけを集めてもダメ、人間社会も同じ。混ざり合うことが大事』と、岡山なまりで〝まじぇるまじぇる（混ぜる混ぜる）〟を繰り返される宮脇先生のお話を伺った時、これだ！と思ったんですよ。社会の中でお互いの個性を尊重しながら、切磋琢磨して少し我慢もするけど、共に生きていく。多様性と共生の理念がわかりやすく象徴されている取り組みです」

どんぐりの実を拾い、ポットの土入れ、水やり、苗木を育てるという、太陽の下で自然と触れ合う作業は、工場や室内での作業が苦手だった人でも、生き生きと取り組めるものだった。しかし、どう収益をあげて仕事にしていくか、次第にたくさんの苗木が育ち、植樹できる売り先がなかなか見つからない焦りから、出縄さんは「夜中にうなされた時期もありましたよ」と苦笑いをする。

思案をめぐらせた出縄さんは「苗木を売ろうとしてはいけない」と気づき、「植樹活動を基金にして、企業から集めた寄付を障がいのある人への工賃に還元する」というアイデアを思いついた。本物の森づくりという環境保全のための苗木費用が、障がいのある人たちの仕事の対価になるのであれば、企業の社会貢献活動としても継続支援を受ける仕組みにできると考えたのだ。

出縄さんは、「いのちの森づくり友の会基金」を立ち上げて会員と会費を募り、集まった基金を活用して、公共性が認められる公園、施設、学校、道路側道、荒地、防潮林などの敷地に植樹をしていった。植樹後には苗木が定着するまでの雑草取りを「育樹」として仕事を増やし、また、同じ苗木づくりと育樹の仕事をする福祉施設の仲間を「どんぐりブラザーズ」と称して増やしていった。

以前、私も高尾小仏《こぼとけ》（東京都八王子市）の植樹祭に複数の福祉施設の人たちと参加させてもらったことがある。斜面に足を踏ん張って苗木を植え、藁をかけ、土にまみれながら、「疲れるけど、かなり楽しいですね」と皆さんといい汗をかかせていただいた。何より、仲間と一緒に自分の手で植えた苗木が、何十年、何百年とかけて森へと育ち、将来の環境づくりに役立つかもしれないという夢を感じられるのがいい。

日本の国土の森林面積占有率は66％と、先進国の中でフィンランドに次いで世界2位の森林大国だが、そのことはあまり知られていない。豊かな森林資源に恵まれながらも、戦後にはスギとヒノキの植樹で人工林を一気に増やし、その後の規制緩和でアジアの安価な輸入木材が大

4

量に入ってきたために、日本の林業は衰退してしまった。手入れがされずに荒れた人工林ばかり残されているのが現状だ。

単一の針葉樹の人工林は、根の深さや樹高が同じなので、大雨や台風などに弱く土砂災害の原因となる。災害に強いのは、自然の植生で根の深さも樹高も違う、多様な樹木が混ざり合った、日本では古くから「鎮守の森」と呼ばれて土地を守り続けている森だ。それを蘇らせようとするのが、宮脇方式の「いのちの森づくりプロジェクト」。しかも障がいのある人たちと全国に広めていこうという壮大な計画なのだ。

個性イコール欠点ではない、個の集まりから生まれる美しい調和

湘南海岸が一望できる湘南平の高台に、進和学園が運営するホットケーキパーラー「湘南リトルツリー」がある。ここも出縄さんが営業手腕を発揮され、神田の老舗店から受け継いだ、一枚一枚を丁寧に銅板で焼くホットケーキを提供する人気店となっている。

2018年に「ともしびショップ湘南平」と併設して、木の温もりを感じる唯一無二の店舗としてリニューアルをした。

街の木を活かす設計士であり、都市森林株式会社の代表取締役、湧口善之《ゆぐちよしゆき》さんと共に、隣接する高麗山《こまやま》公園で伐採された老木など、通常では破棄されてしまう街で伐られた50種類以上の木々を使い、寄せ木づくりの壁面など、進和学園の利用者や関係者の人たちが一緒になってつくりあげた。

多様な木々が店内に活かされている素晴らしさはもちろん、訪れる人たちが感嘆の声を上げるのは、クスノキの節や歪みをそのまま活かし、流れるような模様がアート作品にも見えるテーブルだ。一台ずつ種類が違う木でつくられている椅子に座り、テーブルに向かい、こだわりのホットケーキをいただくという、心豊かな時間を過ごすことができる。

湧口さんには、湘南リトルツリー店内で講座を開いていただいたことがある。

「木の曲がりや節があるのは、建築資材として欠点とされてしまうけれど、個性でもあります。人間も木も同じで個性イコール欠点ではないので、進和学園さんが目指す世界観と、木を使ってお店で表現できる世界観がシンクロするような、個性的な木材をみんなで一緒に組み合わせ、個が主張するより全体として調和することを表現できたらと思いました。もちろん、使われない木でつくる作業はものすごく手間がかかります。テーブルも時間が経つと歪んでくるので、定期的にメンテナンスが必要です。でも、つくったら終わりではなく、手間がかかることで関わり続けるのも大切なことじゃないかと思うんです」

昭和の高度経済成長期、日本が世界に誇った自動車産業で先駆的存在だった福祉工場。半世紀を経て成熟社会と呼ばれる今、次に求められ、向かっているのは、未来の子どもたちのために地球環境を守る森林をつくり、多様な人々と手を取り合いながら手間暇をかけて生きていく、調和の社会づくりのお手本となることなのかもしれない。

大人を信じることから自らを見つめ
将来への道筋をつかむ

多《た》摩《ま》少《しょう》年《ねん》院《いん》

［東京都八王子市］

震災と戦災から立ち直った日本で最初の少年院

京王電鉄高尾線の山田駅を下車して幹線道路から住宅街に入り、長く続くフェンスに沿って歩いていく。小さな緑地がある三叉路の左に「多摩少年院」と書かれた石の門が現れる。門の扉はなく、自由に出入りができる。そこからゆるい上りの坂道がまっすぐ続いていく。扉はないが、門の向こう側とこちら側とには、見えない法律の壁がある。この門から少年院の玄関ま

で上る時は「地獄坂」、玄関から門を出る時は「極楽坂」と呼ばれるという。

駅から裏門へ向かう近道もあるが、あえて正門からの坂道を少年たちと同じように歩いてみたいと思った。敷地内に入って坂道を歩き、建物にたどり着くと、入り口前で受付をする。私が多摩少年院を訪ねた日は、コロナ禍になる前、年に一度の一般公開日。地域住民に少年院への理解を深めてもらう目的で実施されていた。施設内の撮影や録音は一切禁止のため、携帯電話などの持ち物を封筒に入れて自分の名前を書いて事務所で預かってもらう。この日は土曜日だったが、1日を3回に分けて事前に希望者を受け付け、1時間半程度、同じ内容での見学案内がされていた。

参加者は一つの部屋に誘導されて多摩少年院に関する説明を聴き、資料が展示されている部屋と敷地内の一部を見学させてもらう。1回の参加者は100名近い人数で室内はいっぱいになり、多くは年齢層の高い人たちだった。一般公開の告知が公共施設に設置されたチラシだったので、年齢の高い地域住民の目に留まっていたからなのかもしれない。10代、20代の人たちには、学生向けの見学会と若手職員との交流会が実施されたとのことだが、その後は新型コロナウイルスの影響で見学できない年が続いた。

一般公開では伺えなかったお話を、個別に聞かせていただけないかとお願いして、教育調査官の中村統吾《なかむらとうご》さんに直接お話しいただく機会を得た。

少年院は、法に触れるなどの非行に及んで、家庭裁判所の決定により「保護処分」として送致される、おおむね12歳から20歳までの少年の収容施設だ。女子と男子合わせて全国に約47カ所あり、管轄は法務省の矯正局になる。

中でも多摩少年院は日本で最も古い男子少年院。1923年、罪を犯した少年たちの「矯正施設」として大阪の浪速少年院と共に発足した。当時、この周辺は原野と桑畑が広がっていたという。日本初の少年院であったため、矯正教育の経験がほとんどない職員や院長たちが、夜を徹しては少年院教育の進むべき道や方法論について議論を交わしながら、暗中模索の段階から出発したそうだ。

その後の関東大震災、第二次世界大戦の戦災による損壊や焼失から、多くの関係者らの努力による建て直しを経て、2023年には100周年を迎える。全国の少年院の代表施設として、国内だけでなく海外からの見学や研修生が多く訪れているという。

基本は大人との信頼関係を築くことから始まる

少年たちは社会生活に適応できるよう、ここで生活指導、職業指導、教科指導などを受ける。中村さん曰く、「出院後の少年たちが社会で就労できるよう、パソコン関係やフォークリフトなど、様々な職業訓練と資格取得に力を入れています。また、本人が希望すれば、高校卒業資格に向けた教育プログラムも実施します。東南アジアやアフリカなどの海外では、まだ教育的な配慮まで進んでいない国も多いので、特に教育的指導が参考になるようです。高卒の資格が取れると、本人も自信がついて、職業選択の幅も広がります」

本人が通信制高校を希望すれば、在院中にタブレットを使って課題提出をしながら、職員が付き添ってスクーリングにも参加して単位修得を経験し、残りの単位を出院後に修得できるよう支援している。就労も在院期間中の資格取得を目指して取り組ませると共に、ハローワークの担当者が来院して企業面接まで取り付けるなど、より具体的な社会復帰の道筋をつくれるようにしているという。

非行のあった少年は、「少年鑑別所」で、本人の性格や資質を調査する専門家と向かい合い、詳細な個別カルテにあたるものが作成される。在宅のまま更生が期待できる場合は「保護観察」となり、矯正教育が必要と判断された場合は少年院に送られ、個別の指導計画が実施される。標準的な期間は、6ヶ月以内と2年以内に分かれる。多摩少年院は、関東近県の1都10県から、16歳5ヶ月以上、20歳未満の男子が入院し、11ヶ月を標準とした指導が実施されている。

多摩少年院には毎年百名程度の新しい少年たちが入って来る。5つの寮があり、一つの寮では20名程度が規範に沿った生活を送っている。三食栄養バランスを考えた食事が院内給食室でつくられ、当直の教官は「寮父」と呼ばれ、寮の教官室で宿泊をする。少年一人ずつに担任が付く個別担任制度が取られ、担任との毎日の交換ノートや面談など、細やかな対応によって少しずつ信頼関係を築いていく。

「大人を信頼できず、自分のことしか考えられないという少年たちがやって来るので、信頼関係の構築はとても重要です。家庭で親から虐待を受けていたケースも多く見受けられ、家庭環境や交友関係などのトラウマから問題行動を起こしてしまう中、自分のことを否定する大人たちへの不信感を募らせ、非行につながってしまう少年もいます。〝ごめんなさい、もうしません〟と口で言うだけでは意味がありません。日々の担任とのやり取りやプログラム参加を通して、なぜこのようになったかの背景を自ら深く見つめ、本音を引き出しながら、事件を振り返り、被害者という相手がいることを考え、本人が心の底から再犯をしないと思えるよう、今後の人生、生き方にも助言しながら取り組んでいます」

プログラムの中でも特徴的なのは、法務省矯正局で作成されたワークブックを用いて、全国の少年院で一律に実施されている「特定生活指導」だ。「薬物非行防止指導」「交友関係指導」「性非行防止指導」「暴力防止指導」「家族関係指導」「被害者の視点を取り入れた指導」の6つに分かれ、特に薬物や性のプログラムは、海外でもエビデンスのある認知行動療法の心理技法などを参考に作成されている。各自に必要とされるプログラムに参加し、グループワークを中心に各複数回実施される。プログラム開始前には、心の状態を落ち着かせる「マインドフルネス」を取り入れているものもある。

「どの生徒に対してもそうですが、こちらの命令や指示でやらせるのでなく、本人にどうすべきか考えさせることを重視しています。こちらからは〝どうするの？〟と訊き、小さなことでも本人が自主的に〝こうします〟と目標を決め、できた時にはしっかり褒める。そのスモールステップの繰り返しです。多くは今まで褒められた経験があまりない子たちなので、褒められると次の行動への意欲も湧きます」

反社会的な少年から非社会的な少年へ

近年では「支援教育課程Ⅲ」に該当する少年が増加しているという。知的障がいや発達障がいと診断される少年は、専門の「医療少年院」等に送られるが、障がいの診断には至らない、いわゆるグレーゾーンやボーダーと呼ばれる「特別な配慮を必要とする子」たちが、「支援教育課程Ⅲ」の対象となり、2018年以降は多摩少年院にもやって来るようになった。その少年たちが全体の3割を占めるまでに増えているそうだ。

一般社会でもそのような子どもたちが増えていることは指摘されている。

グレーゾーンやボーダーの少年たちは、「コミュニケーションが苦手」「思いついたことをパッと行動したり口にしたりする」「集団行動を乱す」といった特徴がある場合が多く、これまでのような寮の集団生活維持が難しくなり、一人ひとりへの個別対応が求められているという。寮内のルールなどの掲示物には写真を多く使い、わかりやすい言葉で文字を大きくするなど、視覚から情報を得られるような環境改善の工夫も欠かせないそうだ。

「少年の傾向として、以前は暴走族など、エネルギーを発散させる反社会的な少年たちが多く、暴走族リーダーのような少年が寮内の取りまとめをするなど、職員とのコミュニケーションも活発でした。近年は暴走族が減少すると共に、〝支援教育課程Ⅲ〟に該当するような、いわゆる非社会的な非行少年が増えたと言われています」

大人たちの世界でも、本音でぶつかり合おうとする熱を帯びた関わり方が減り、「反社会的な少年から、非社会的少年へ」という変化は、集団から個へ、肉体労働から頭脳労働へ、成長社会から成熟社会へといった、社会が変化する姿をそのまま反映しているのかもしれない。

一方で、2020年における多摩少年院に来る少年たちの非行内容を見ると、多い順から、窃盗、傷害、詐欺、薬物で、特に薬物のうち大麻が増えてきているという。音楽フェスやネットなどで知り合って誘われ、軽い気持ちで始めてしまったり、大麻栽培をしてしまったりするケースもあるという。また、振り込め詐欺で被害者の口座からATMでお金を引き出す〝出し子〟、オレオレ詐欺で被害者から現金を受け取る〝受け子〟などの比率が増えており、犯罪とわかっていながらも、一種のアルバイト感覚でやってしまうようだ。

子どもたちへの影響を考えながら社会をみると、犯罪ぎりぎりのような商売がまかり通っている。過剰に煽《あお》る高齢者向け通販商品の広告などを見ると、恐ろしい空気さえ感じる。細かい文字で膨大に書かれた利用規約にしても、自力で読める高齢者がどれほどいるのだろう。そのような大人の商売の姿勢を見て、詐欺で高齢者を騙しても、さして悪いことではないと感じる少年が増えるのは当然なのかもしれない。いつの時代も、子どもたちは社会の病理を鏡のように映し出している気がする。

相談や報告ができる関係の継続で再犯を防ぐ

少年院を出院後、5年以内に少年院や刑務所に入所する者の率は、全国で22%程度だという。出院後の就労でのつまずきをきっかけに、不良仲間らと交友が再開して非行に及んでしまうパターンが多いようだ。しかし、多摩少年院の出院後は再犯率が低く、その理由の一つと思われるのが、社会に出てからも本人や保護者からの相談や報告を積極的に受けていることだ。

どのような相談や報告が寄せられるのかというと、例えば、家庭環境が悪く、不良交友も多く、在院中は反発ばかりしていた少年が、出院後には「不良友達と離れたい」「実の父親とどうやって接したらいいかわからない」など、何度も電話をかけて職員に相談をしに来るそうだ。大人を信用できずに反発していた少年が、少年院での生活を通して相談できる大人と出会えたのだろう。その少年は「先生の声を支えに頑張ってます！」と言うそうだ。

また、逮捕をきっかけに高校を退学、そして少年院にいる間に通信制高校に再入学して高卒の資格を得て、未来への希望が広がったという少年もいる。出院後、「大学進学もしたいし、会社にも就職してみたいし、やりたいことがたくさんあって悩んでいます」と笑顔で話しに来るという。少年院で高卒のきっかけをつかんだことで、未来が今までとは違う明るい景色へと変わったのだろう。

入院当初は問題行動が多く、反則行為を繰り返していた元暴走族のリーダーだった少年は、職員からの声かけと、大学に進学したという友人の手紙を読んで奮起し、優秀な生活態度で出院後、営業職に就いた。実生活では少年院で学んだ「アンガーマネジメント」が役に立ち、対人関係でイラつくことがなくなったと笑顔で報告に来たという。

プログラムを学んで身につけたことが、その後の人生のＱＯＬ（クオリティ・オブ・ライフ）

の向上に役立っているのだ。

中村さんも、寮担当の頃にいた少年のことを思い出して話してくれた。

「印象に残っている生徒はたくさんいますが、集団生活がうまくできず、一つのことがなかなか身につかなくて、周りの生徒たちにも呆れられてしまうくらい、とても手のかかった少年のことを思い出します。私も休日を返上して寮に来て付きっきりでした。でも、出院する頃には随分と成長して、『僕は多摩少年院に来て本当によかったです。先生のことは一生忘れません。僕は一生、先生の生徒です』って言葉を聞いたときは、嬉しかったですね」

非行に及んだ少年たちと24時間向き合いながら、11ヶ月の期間で自立を促していく職員の方たちの責任の重さが垣間見える。

「もう一人、3歳頃に両親を亡くして施設で育ち、頑なに心を閉ざしていた生徒のことも思い出します。彼はとにかく一人で筋トレばかりしていました。心を開くにはどうしたらいいものかと、私も彼の横で一緒に毎日筋トレをするようにしたんです。次第に少しずつ話ができるようになりましたが、彼は壮絶な家庭環境だったので、自分の殻に閉じこもるしか術がなかったのではと思います」

この話を伺い、「罪を憎んで人を憎まず」という言葉が浮かんだ。世の中に少年事件の報道が流れると、ネットには「いったい、どんな親に育てられたのか」「こんな少年はずっと少年院にいるべき」といった書き込みがされる。もちろん、被害者がいること、罪を償わなくてはならないことは大前提だが、少年がなぜ事件を起こしてしまったかの理由は抜け落ち、事件の凶悪性だけが切り取られ一人歩きしてしまう。

ネット上では匿名で書き込めるがゆえに、叩くことが正義であるかのような風潮もあるが、「なぜ、このような罪を犯すに至ってしまったのだろう」という少年の背景と事件の原因に、思いを馳せて想像してみようよ、と言える大人が増えてくれたら、もう少し優しい社会になるのではないかと思ってしまう。

多摩少年院の「極楽坂」を下りて門を出た少年たちが、社会で理解してくれる大人たちとつながり、更生して生きようとする少年たちの努力が報われる世の中であってほしいし、そうなるためにも、少年院についての正しい情報が伝わり、偏見が少しでもなくなればと願う。

おわりに

最後まで読んでいただき、どうもありがとうございます。

「今まで福祉の現場を知らなかった」という方でも、一緒に訪ねたような気持ちになっていただき、心に残ることがありましたら嬉しく思います。

日本の社会福祉制度としては、保育・児童福祉、母子・父子・寡婦福祉、障害者福祉、高齢者福祉とありますが、人生の中でいつ何時、自分や家族や身近な人が、その制度を使ってお世話になるかわかりません。ある日突然、必要になる日がやってきたりもします。

また、新型コロナウイルスの感染拡大を通しては、当たり前だったことが当たり前でない現実を突きつけられました。不安でたまらない方々も大勢いることと思います。

しかし、いつの時代も逆境を前向きに捉える人が、勇気ある行動を起こすことで未来を切り開いてきました。大きな資本主義経済の枠組みは変えられなくても、コミュニティレベルでパラダイムシフトが起きてきている今だからこそ、明るい未来を創りたい仲間と出会えるかもしれません。

例えば、これまでの私たちは、働きながら消費を繰り返す「消費者」として一括りにされてきましたが、働き方からお金の使い方までを選択しながら、「支え合いの共存社会」をつくれるかもしれないと思うのです。

顔が見える関係性ができた生産者から、大切に使いたいと感じるものを購入したり、丁寧な生産背景やこだわりを知って適正な価格で購入し、家族と語りながら使ったり食卓で味わったりする。その人たちの所に出かけ、ボランティア活動をしたりする。そんなふうに信頼できる仲間たちと「心地よい経済」を回したり、お金に換えられない体験や関係性ができたら、本当の意味での「豊かな生活」をつくりだせるかもしれません。

これからは、０歳から１００歳までどんな人でも生き生きと幸せに過ごせるインクルーシブな地域福祉を目指して、多種多様な分野の人たちが混ざり合って取り組もうとする時代になっていくと感じます。日本の福祉制度を上手に駆使しながら、海外の発想やシェアリングエコノミーなどを取り入れ、関係人口を増やして地域のみんなを幸せにしようとする柔軟な若いリーダーが望まれているとも感じます。

あなたも、もし心惹かれる福祉の場を見つけたら、そこで地域福祉づくりの仲間になることによって、新しい共存コミュニティの一員になれるかもしれません。私も全国各地の施設や関係者を訪ねながら、地域福祉づくりのお手伝いをして、次世代につなげていけたらと思っています。

最後になりましたが、訪問取材や撮影に協力してくださった12の施設の皆さんをはじめ、出版の機会をいただき、丁寧に寄り添ってくださったアノニマ・スタジオの浅井文子さん、今まで施設関連のデザインをたくさんお手伝いいただいたデザイナーの五十嵐傑さん、素敵なイラストを描いてくださったペカさん、現場を共有し表現してくださったカメラマンの皆さん、そしてご協力をいただいた方々、本当にどうもありがとうございました。

長年書きたかったテーマの本を、このメンバーで出版させていただくことができて、心より嬉しく思っております。

これからも、福祉の場をめぐる小さな旅を続けていきます。

２０２１年11月

羽塚順子

羽塚順子（はねづか・じゅんこ）

特別支援学級で障がい児を指導後、株式会社リクルートでの法人営業などを経てフリーライターとなり、３０００人以上を取材、執筆。２００９年より社会的に弱い立場の人たちと共存する母性社会づくりをライフワークに取り組み、伝統職人技を自閉症の若者が継承するプロジェクトなどでグッドデザイン賞を3回受賞。
MotherNess Publishing
http://mothernessp.com/

事業内容
「もう一つの家族のように」過ごす日中一時支援事業所。住宅街に囲まれた緑豊かな敷地で創作活動と農作業に取り組み、障害者手帳がないグレーゾーンの人やひきこもりの人でも受け入れる。 » www.sunwork-kaguya.com
発達障がい児童のフリースクールから始まった就労継続支援B型事業所。「地域で生きる」をテーマに地場産業などとつながり、地域に貢献しながら各自が得意なことを伸ばせるように支援している。 » www.ccv-npo.jp
ユネスコの無形文化遺産に登録された細川紙（小川和紙）に倣い、知的障がいのある職人たちが高品質の「一越紙」の和紙漉きに生活介護事業として取り組み、作品は世界に羽ばたいている。 » www.hitokoshi.org
弱い立場の人たちが共同生活をしながら牧場で牛の世話やチーズづくり、農作業を行う。福祉の制度に依存せずに「自労自活」を掲げ、仕事は全て自主的に決める。自然の摂理に沿ったチーズづくりは世界的に高い評価を受けている。 » www.kyodogakusha.org
親と暮らせない子どもたちが生活するファミリーホーム（里親型グループホーム）2棟と、シュタイナー幼稚園がある「くすのきびれっじ」。敷地内は子どもたちが心地よく過ごせるために、土と水と風が流れるように設計されている。 » cropminori.com
障がいのある人たちの命のエネルギーが溢れる美術館を運営。1階は自由に見学できるギャラリーと就労継続支援B型事業所のカフェとベーカリー、販売コーナーがあり、2階は生活介護事業となる作家のアトリエ。「命との出会い」をテーマに多彩な企画展を開催している。 » kourinkai.net
全ての人を受け入れ、オリーブ100万本のソーシャルファームを目指し、就労継続支援B型事業やグループホームなどの福祉サービスを活用し、24時間働ける環境を作っている。国際オリーブオイルコンテスト金賞を受賞。無農薬玉ねぎ栽培などで地域の学校と連携もしている。 » saitamafukko.com
非行などの課題を抱える少年たちが、広大な敷地で寮生活をしながら学業と作業に取り組んでいる児童自立支援施設。感化教育を先駆的に実践した留岡幸助氏が豊かで厳しい自然を求めて北の大地に立ち上げた。 » kateigakko.org
団地の一室で誰もが出入り自由な「地域を一つにする」高齢者デイサービスを行っている。小規模多機能型居宅介護・看護小規模多機能型居宅介護事業も実施。 » www.grundtvig.co.jp
地域の木材から抽出するオーガニックアロマを製造する就労継続支援B型事業所、パティシエの高級チョコレート製造、温泉施設の運営、農作業などを行い、地域の福祉施設の橋渡し役にもなっている。 » aopoco.com
半世紀近く、ホンダ車部品組立を中心に障がいのある人たちに「働くよろこび」「役立つよろこび」を提供。就労移行支援・就労継続支援A型・B型全ての人が混ざり合う先駆的な働く場づくりを牽引。環境変化に伴い事業の多角化を推進し、「いのちの森づくり」や農産品加工、地元スーパーでの施設外就労等にも挑戦している。 »（株）研進：www.kenshin-c.co.jp　（社福）進和学園：www.shinwa-gakuen.or.jp
日本で最も古い歴史を持つ少年院（法務省矯正局管轄）。大人との信頼関係の構築に力を入れ、教育プログラム、出院後の相談にも積極的に取り組んでいる。海外からの視察も多い。 » www.moj.go.jp/content/001238658.pdf

掲載施設一覧

	名称（団体・会社）	施設名
神奈川県藤沢市	特定非営利活動法人 さんわーく かぐや	さんわーく かぐや ▶P.18
栃木県鹿沼市	特定非営利活動法人 CCV	CCVウェルフェア他 ▶P.36
群馬県前橋市	社会福祉法人一越会	ワークハウス　ドリーム他 ▶P.52
北海道上川郡 新得町	農事組合法人 共働学舎新得農場	共働学舎新得農場 ▶P.68
神奈川県横須賀市	特定非営利活動法人 CROP.-MINORI （クロップみのり）	クロップハウス他 ▶P.86
岩手県花巻市	社会福祉法人光林会	るんびにい美術館他 ▶P.104
埼玉県熊谷市	埼玉福興株式会社グループ	オリーブファーム他 ▶P.124
北海道紋別郡 遠軽町	社会福祉法人 北海道家庭学校	北海道家庭学校 ▶P.142
神奈川県藤沢市	株式会社ぐるんとびー	ぐるんとびー ▶P.160
新潟県新潟市／ 阿賀野市	特定非営利活動法人 あおぞら	あおぞらソラシード他 ▶P.180
神奈川県平塚市	株式会社研進／ 社会福祉法人進和学園	しんわルネッサンス他 ▶P.196
東京都八王子市	多摩少年院	多摩少年院 ▶P.214

ウェルフェア トリップ
Welfare trip
福祉の場をめぐる小さな旅

２０２１年12月19日　初版第１刷　発行

著　者　羽塚順子

発行人　前田哲次
編集人　谷口博文
アノニマ・スタジオ
〒１１１－００５１
東京都台東区蔵前２－14－14 2F
TEL ０３－６６９９－１０６４
FAX ０３－６６９９－１０７０
発　行　KTC中央出版
〒１１１－００５１
東京都台東区蔵前２－14－14 2F
印刷・製本　株式会社広済堂ネクスト

ISBN 978-4-87758-828-1 C0036

アノニマ・スタジオは、
風や光のささやきに耳をすまし、
暮らしの中の小さな発見を大切にひろい集め、
日々ささやかなよろこびを見つける人と一緒に
本を作ってゆくスタジオです。
遠くに住む友人から届いた手紙のように、
何度も手にとって読みかえしたくなる本、
その本があるだけで、
自分の部屋があたたかく輝いて思えるような本を。